52 MANERAS

de elevar
su autoestima

52 MANERAS

de elevar
su autoestima

C.E. Rollins

CARIBE-BETANIA

Una División de Thomas Nelson Publishers
The Spanish Division of Thomas Nelson Publishers
Since 1798 — desde 1798
www.caribebetania.com

Caribe-Betania Editores
Es un sello de Editorial Caribe, Inc.

© 2004 Editorial Caribe, Inc.
Una subsidiaria de Thomas Nelson, Inc.
Nashville, TN, E.U.A.
www.caribebetania.com

Título del original en inglés:
52 Ways to Build Your Self-Esteem and Confidence
© 1992 por Jan Dargatz
Publicado por Oliver-Nelson Books,
una división de Thomas Nelson, Inc.

Traducción: Efrahim y Esther Nohemi Bello

ISBN: 0-88113-433-3

Impreso en E.U.A.
Printed in the U.S.A.

7a Impresión

★ Contenido

★ Introducción

No nacemos con una gran autoestima y confianza. Debemos adquirirlas. De alguien, de alguna parte.

Los proveedores ideales de autoestima y confianza son nuestros padres. Ellos, por supuesto, se equivocan algunas veces. Generalmente, esto sucede a causa de negligencia no intencional, descuido o rechazo, motivado en parte por circunstancias sobre las cuales tienen poco o ningún control. Ellos raramente tienen la intención de fallar al suministrarnos una buena base de valores o habilidades que necesitamos para encarar con confianza la edad adulta. En muchos casos, *sus* padres fallaron al proveer para ellos todo lo que necesitaban, y simplemente están transmitiendo una carencia de buena destreza paternal. Desafortunadamente, somos capaces de entender eso mucho mejor como adultos que como niños.

Como niños sólo sentimos, intuitivamente, que nuestros padres no nos dan cuanto necesitamos y que no logramos su aprobación. No sabemos qué áreas del espíritu interior están siendo empequeñecidas o desconectadas. Sólo sabemos que tenemos una aflicción por algo más. Los dolores echan raíces. Las heridas interiores se enconan. Y nosotros emergemos como adultos aún lastimados y heridos, conociendo ahora un poco más claramente nuestras deficiencias y sintiendo más agudamente nuestros defectos e insuficiencias, y que somos incompletos.

¿Qué podemos hacer? Primero: Debemos perdonar a nuestros padres. Si no lo hacemos, sólo nos mantendremos en el carrusel emocional del pasado. Perdonar nos libera de su influencia y nos permite enfrentar la edad adulta de una manera apropiada.

Segundo: Debemos encarar nuestros malestares e insuficiencias (definiéndolas lo mejor posible y determinando las maneras ideales mediante las cuales nos sea posible curarnos nosotros mismos o ponernos en una posición donde otros puedan ayudarnos en el proceso de curación.)

Tercero: Debemos tomar una decisión consciente para movernos hacia la integridad. Decidir dentro de nosotros mismos, el convertirnos en adultos íntegros. La resolución de edificar la autoestima y confianza es, fundamentalmente, un movimiento definitivo hacia convertirse en una persona más completa, íntegra en espíritu, mente, emociones, cuerpo y relaciones.

Algunos individuos son el producto del abuso infantil (físico, sexual, emocional y espiritual). En estos casos el dolor infligido por el perpetrador es intencional, o al menos consciente, y mucho más dañino a la víctima. El perdón puede ser duro de obtener. Las heridas tal vez demoren más tiempo para sanar. Pero el proceso de curación es posible. Nadie, no importa cuán difíciles hayan sido los primeros años, necesita permanecer encadenado por siempre a un deficiente concepto de sí mismo o a una falta de confianza personal.

Finalmente, un amplio número de personas experimentaron una niñez maravillosa sólo para sufrir atropellos como adultos por parte de sus iguales (tal vez esposos, supervisores, maestros o aún «amigos».) Este puede llegar en forma de rechazo. En esos casos de abuso arremetido por adultos la —de otra forma— saludable autoestima y confianza de la persona, sufren un severo golpe y generalmente en el lado débil. Lo que una vez se creyó con completa seguridad, de repente se estremece; lo que una vez se tomó por supuesto, de repente cambia. Lo que una vez fue considerado como verdad es, súbitamente, una sospecha. Con lo que una vez se podía contar, es ahora una duda.

Otra vez, el proceso de crecimiento es esencialmente el mismo: perdonar a la parte ofensiva, enfrentar las heridas de uno y hacer un esfuerzo determinado a volverse íntegro otra vez.

Este libro está dividido en dos secciones:

(1) Un conjunto de «Elecciones fundamentales» que son básicas para hacerse íntegro, o para recuperar la integridad;

(2) Un grupo de «Pasos, de acciones prácticas». (Cosas que hacer para llenar los resquicios en la vida propia, para reparar las brechas y sanar las heridas.)

Lograr un saludable respeto de sí mismo y confianza para encarar no sólo «el futuro» sino los retos de las próximas 24 horas no es fácil. Se puede hacer. Es siempre un alto desafío personal. Espero que este libro le ayude en su vida.

Elecciones
fundamentales

1 ★ Elija la verdad

A muchos de nosotros nos gustaría vivir por siempre en las tierras de fantasía de nuestra propia creación; barriendo toda evidencia de realidad bajo cada «alfombra mágica» que podamos encontrar. Por supuesto, el concepto desarrollado por nosotros mismos en esas tierras es inevitablemente falso.

Para lograr o reconquistar una autoidentidad saludable, primero debe elegir enfrentar la verdad acerca de sí mismo y entonces decidir qué hacer con ella.

Hágase estas dos preguntas:

1. ¿Puedo reconocer una mentira cuando la escucho? Muy a menudo no sabemos, o no queremos enfrentar la realidad, de que lo que nos están diciendo simplemente no es verdad (acerca de cosas, relaciones y lo más importante: referente a nosotros mismos.) Algunas veces dejamos a las promesas de «amor» nublar la verdad. «El dijo que me quería, yo creí que lo dicho por él, acerca de mí, era verdad». «Ella me mintió todo el tiempo, pero era tan doloroso enfrentarme al hecho de que quien me amaba me estaba engañando».

2. ¿No escucho la verdad o la niego? Si la respuesta es afirmativa, pregúntese el por qué. ¿Por qué usted escoge la mentira en lugar de la verdad? ¿Percibe usted la verdad como más dolorosa que la mentira? A la larga, el engaño siempre trae más dolor. Cuando se enfrenta adecuadamente a la verdad, con una actitud optimista de que «si es erróneo puedo arreglarlo; si es pecado, puedo arrepentirme; si es malo, puedo buscar una forma de lograr lo bueno», ésta no sólo le libera sino que es el primer paso hacia un mañana mejor.

Es importante considerar algunas otras preguntas relacionadas con la verdad:

- ¿Quién me está diciendo quien soy, lo que puedo hacer y definiendo mi status y cuanto valgo en la vida?

¿A quién le está dando el poder para definirle? ¿A una madre muerta desde hace veinte años? ¿El esposo o la esposa? ¿Un hijo adulto? Usted es el producto de una serie de definiciones sobre sí mismo que ha aceptado como verdades. Sería útil revaluar periódicamente a quién usted le ha dado este «poder de definición».

- ¿Son confiables aquellas personas de las cuales estoy obteniendo definiciones de mí mismo?

¿Cuál es la motivación de ellos para decirle cosas acerca de usted mismo? ¿Qué obtienen de ello? ¿Pudieran estar equivocados, desinformados, mintiendo a propósito, inadvertidamente, destruyéndole para engrandecerse ellos mismos o estar proyectando en usted sus propios sentimientos de insuficiencia?

- ¿La información que estoy adquiriendo y adoptando como verdad está enraizada actualmente en la realidad?

¿Puede citar evidencias que apoyen las conclusiones que están siendo hechas acerca de usted mismo? ¿Está tomando las cosas, por lo que aparentan ser, sin verificarlas? ¿Está usted interrogando a los testigos de su vida?

Busque la verdad y elija asociarse con aquellos que la dicen. Pregunte por qué las personas creen lo que dicen de usted. Averigüe en qué evidencias basan sus conclusiones. Indague sus motivos.

Y por encima de todo... si la «verdad» que ellos proclaman acerca de usted es mala en su totalidad, pida que también le digan la «verdad» de lo bueno que ven en usted. Sólo entonces podrá comenzar a alcanzar un informe balanceado. Sea sumamente desconfiado de las personas que señalan sólo sus fallos y caídas y nunca aplauden sus esfuerzos y triunfos. Ellos no están diciendo la historia en su totalidad. Y una historia parcial no es la verdad.

2★ Elija el gozo

El gozo es una elección. La mayoría de las personas no piensan eso, pero lo es. En la vida podemos escoger regocijarnos o estar malhumorados.

La tristeza es una emoción válida. La pena es una parte de la experiencia humana. Lo continuo de las emociones disponibles para todos incluye también lo negativo. Hay un lado oscuro para cada uno de nosotros. Al escoger el gozo no estamos negando la existencia o validez del dolor. Simplemente preferimos no habitar allí emocionalmente.

Más que la felicidad El gozo es más que la felicidad. Esta es eventual en circunstancias externas (recibir una sorpresa feliz, el amanecer de una brillante mañana, la cómoda sensación que provoca el hogar al estar envueltos en el calor del amor filial.) El gozo está enraizado no en lo exterior sino en lo interior. Es una actitud basada en estas creencias:

- La vida es importante
- La vida tiene un rumbo
- La vida posee significado y propósito
- Hay potencial en la vida
- La dirección, el significado y el potencial, son todos dignos de buscarse y alcanzarse

El gozo tiene sus raíces en la creencia de que la vida es «buena» y usted es bueno y ambos tienen la capacidad de ser mejores.

Más que una forma positiva de pensar   El gozo es más que una forma positiva de pensar. Es más que levantarse y decirle repetidamente al espejo: «yo soy el mejor». El gozo no se ha «agotado»; debe manifestarse. Es la chispa en el corazón de su ser, que usted rehúsa permitir que se apague, sin importar cuán feroces sean los vientos del dolor que están soplando o cuán oscuras sean las circunstancias.

¿Cómo puede usted incrementar hoy su nivel de gozo? Éste viene cuando usted se encara al temor diciendo: «No voy a dejar que el miedo hunda mi bote. No voy a permitir que la oscuridad me venza. No voy a tolerar que el fracaso me consuma. Yo voy a adorar a Dios y regocijarme en la vida, sin importarme lo demás».

Elija hoy el gozo. Escoja percibirse usted mismo como una persona gozosa. Tiene el poder de serlo, sin importar qué otras dificultades pueden presentarse en su crecimiento hacia la confianza y alta autoestima.

3★ Elija vivir

La persona que ha experimentado una pérdida severa casi siempre atraviesa al menos un período en el cual desea poder meterse en un hueco, en algún lugar y taparse la cabeza. Algunas veces se convierte en un fuerte deseo de escapar, retirarse, o simplemente desaparecer por un tiempo.

Las heridas emocionales que vienen con una pérdida, son muy reales y dolorosas. Nunca debemos descontar su impacto o su potencial de enconarse y convertirse con el tiempo en amargura maligna. La reacción del deseo de huir cuando se está herido es normal. Cuando uno mismo ha sido herido en cualquier forma, se espera que el deseo de retirarse de la vida aparezca.

Los momentos críticos llegan, sin embargo es entonces cuando usted debe escoger el vivir de nuevo. Prefiera el resurgir y volver a abrazar la vida. ¡Elija continuar!

Seleccione una vida maravillosa, llena y rica
No escoja simplemente el sobrevivir. Trate de mirar más allá del dolor del momento y haga una visión de la vida en la cual usted no esté agarrado por sus uñas o simplemente rozando. Imagínese un día futuro en el cual usted sea fuerte una vez más, próspero y emocionalmente vibrante.

Elija una vida con significado y propósito   Establezca en su propio corazón y mente una razón de ir hacia adelante en la vida. Puede necesitar hablar con un consejero profesional para ayudarle a determinar lo que usted aún ve como un «propósito» o uso de su vida.

Cada persona tiene algo que dar. ¡Incluyéndole a usted! ¿Con qué puede ayudar a otros? Piense en esto. Escríbalo. Entonces... Escoja hacerlo. Con esto, usted estará escogiendo el vivir y no el morir.

4 ★ Elija el día de hoy

Cada mañana le ofrece una nueva oportunidad para comenzar de nuevo (para disfrutar un triunfo, para ser todo lo que puede ser, para vivir la vida a plenitud).

La tendencia, cuando uno se enfrenta a un golpe fuerte contra la estima o confianza, es permanecer en aquello que una vez fue.

Cerrar la puerta al pasado La persona que es- tá enojada consigo misma, casi siempre se culpa por los fracasos del pasado. Es útil organizar el pasado para poder:

- determinar qué parte del fracaso fue verdaderamente suya
- analizar qué hizo usted para contribuir a él (sus decisiones, sus acciones, el momento de sus acciones, el razonamiento fallido o las evidencias incorrectas por las cuales usted actuó, etc.)
- Determine qué debió haber hecho, lo cual es en efecto una resolución de lo que haría si se enfrentara en el futuro con circunstancias similares.

Perdónese usted mismo por su parte en el fracaso, haga cualquier arreglo y recompensas que pueda o crea que debe hacer y entonces cierre la puerta al pasado. Seleccione no vivir en él. Escoja no vivir su vida mirando al espejo retrovisor.

Mantener el futuro al alcance de su mano   Una segunda tendencia de la persona con baja autoestima es mirar al futuro y decir: «Yo no tengo lo que se necesita para ser nuevamente (o alguna vez) un triunfador». La pregunta clave para hacerse es esta: ¿Por qué no? ¿Qué ha cambiado referente a usted? (No ¿qué ha cambiado acerca de las circunstancias a su alrededor)? Puede haber sido herido profundamente, rechazado o abusado; pero en el corazón de su «yo» interno, (sus talentos, cualidades personales, experiencias, habilidades adquiridas, creatividad inherente) nunca podrán ser robadas o destruidas por otras personas. Esa parte suya puede sólo ser eliminada por usted mismo. Tiene lo que se necesita para forjar un futuro maravilloso.

- Aprenda a vivir un día exitoso. Incluya en su plan diario la adquisición de uno o dos hábitos considerados por usted como buenos.

Fíjese una o dos metas de «cosas para hacer» por usted mismo. Concéntrese en uno o dos objetivos para el día de trabajo. Haga una revisión al concluir el día y contemple por unos momentos lo que hizo correctamente durante ese período de tiempo.

- Si usted encuentra que no triunfa en alcanzar sus metas diarias, ¡reajústelas para poder hacerlo!

Quizás esté abarcando más de lo posible. Su exitoso día puede incluir nada más el hecho de haberse vestido, haber hecho tres comidas, pasear al perro, sacar la basura, efectuar dos llamadas telefónicas e ir a la tienda. El triunfo es lo que usted defina como tal.

¿Qué sucede cuando une la serie de muchos días muy exitosos? Usted termina con una vida triunfal. Elija vivir hoy. Es el único tiempo que verdaderamente puede controlar.

5 ★ Elija crecer

¿Recuerda cómo se sentía en la presencia de los mayores cuando era un niño? Los mayores la pasaban fácil. Podían hacer lo que querían, cuando lo deseaban y lo sabían todo.

Pero la vida parece endurecerse con el tiempo. Los adultos, ciertamente, no lo saben todo como quisieran. Sin embargo, usted se da cuenta de que siempre es bueno estar creciendo.

Crecer significa cambiar. Y un cambio atemoriza. Requiere un riesgo. Elija hacerlo. Cada persona que he conocido e hizo un cambio de crecimiento, dice que él o ella emergieron al otro lado: «Estoy feliz de haberlo hecho. Valió la pena. Estoy mejor hoy que entonces».

Obtenga consejo profesional Usted puede encontrar grandes oportunidades para el crecimiento hablando con un experto en el área en la cual desee crecer. Si necesita un consejo acerca de estudios: hable con un orientador de carreras. Si necesita ayuda sicológica: hable con un sicólogo. Si auxilio espiritual: busque un ministro o un sacerdote entrenados para impartir consejos.

Obtenga información nueva Para mantenerse creciendo mentalmente, necesita una dosis fija de «entrada de datos». La información viene en una gran variedad de opciones: cursos, manuales, revistas, cine, galerías, museos, bibliotecas. Aproveche los mejores maestros que pueda encontrar.

Adquiera nuevas experiencias   ¿Ha estado alguna vez en una montaña rusa? ¿Ha visto el océano? ¿Ha escalado algún monte?

Parte del proceso de crecimiento en una relación, (personal o profesional) invariablemente parece requerir confrontación. Aprenda a luchar honestamente con quienes están a su alrededor. Instrúyase en formas mediante las cuales pueda explorar, comunicar y proponerse objetivos. Pasar la confrontación puede envolver una decisión mutua de buscar consejo, obtener información o adquirir experiencia... juntos.

En realidad no existe eso de «sosteniéndose para siempre». Sostenerse es posible por un tiempo, y la persona que sufre un golpe a su autoestima a veces necesita «sólo sostenerse» (a menudo es todo lo que podemos hacer). En esos casos conservar un régimen de dormir, comer, trabajar, jugar, es verdaderamente un crecimiento; es edificar la fortaleza.) Eventualmente, todo lo que necesitamos es movernos más allá de lo que parece ser un estado de «sólo sostenerse». A lo largo de la vida, lo que no está creciendo está comenzando a morir.

Escoja el crecimiento. Es una parte de escoger la vida.

6★ Elija perdonar

Perdone y olvide» es una frase conocida por todos nosotros. Sin embargo, es un mal consejo porque no es posible que podamos perdonar y olvidar.

Perdonar es posible. Olvidar no lo es.

No importa cuán intensamente usted haya tratado, no puede olvidar por completo una experiencia que haya tenido. Los investigadores del cerebro nos dicen que a cualquier persona con un cerebro normal, puede hacérsele recordar algún incidente ocurrido a lo largo de su vida. Usted no lleva toda la información en su pensamiento consciente, pero nunca la pierde una vez que la ha adquirido. Está siempre escondida en alguna parte.

Las buenas nuevas son que el perdón trae un sentido de orden, resolución y significado a todos los acontecimientos de nuestro pasado que no podemos olvidar. Es así como el perdón sana.

No es el acusador   Se necesita una tremenda energía mental y emocional para ser el acusador de otra persona. Constantemente usted debe apreciar lo que ella hizo a la luz de las consecuencias del momento. Debe pensar en ella para tratar de entender sus motivos para cometer el delito. Siempre debe buscar evidencias relacionadas con el comportamiento de ella. Es emocionalmente fatigoso ser el acusador de otra persona.

No es el juez   También es necesaria la sabiduría, que ninguno de nosotros tiene, para ser el juez de otra persona. Usted no puede entender completamente a otro (percibir todas sus razones para hacer y decir ciertas cosas, conocer todo acerca de su entorno o personalidad, saber con certidumbre que su sentencia para él es la más justa o redentora).

La persona que perdona dice:

- Creo que eras un padre miserable, pero no lo voy a tener en cuenta más. Tomo la responsabilidad de mi edad adulta por mí mismo. Te perdono por lo que hiciste y te libero hoy de continuar teniendo influencia en mi vida.
- Creo que eras un esposo abusivo, pero no quiero permanecer más en eso. Mental y emocionalmente te estoy dejando ir para yo poder ser libre.
- Creo que estabas equivocado al expulsarme del trabajo. Pero me niego a continuar concentrando mis pensamientos en ti. Te exonero de mi mente y mi corazón. Escojo en su lugar el mirar hacia adelante, a mi próximo trabajo.
- Creo que realmente no trataste de ayudarme a mí o al crecimiento mío. Pero elijo perdonarte por no ser todo lo que creo que debiste haber sido para mí. Decido ser responsable por mi propia vida, obtener la ayuda que necesito y crecer como deseo.

El perdón le libera de habérselas con su presente y hacer planes para su futuro. Lo pone a usted en una posición donde ya no está (bajo la influencia) del comportamiento crítico de otra persona (Incluyendo el que hiere su confianza y daña su autoestima).

7★ Elija recibir

Usted no adquirió por su cuenta una autoestima enfermiza. Alguien le ayudó en el proceso de su forma de pensar pobremente acerca de usted mismo. A través de comentarios críticos, degradaciones, o falta de atención o apoyo positivo; la persona (o personas) cooperaron a su falta de autodesarrollo.

Lo inverso es también verdad. Usted no adquirirá enteramente una autoestima saludable por sí mismo.

Elija estar alrededor de personas que tengan una autoestima saludable. Hable con ellos y obsérvelos. Aprenda de ellos. Pídales consejo.

Seleccione estar con personas que le edifiquen. Todo el mundo necesita alguien que le aliente. Eso no quiere decir, que la otra persona sea ciega a sus faltas o invulnerable a su mal comportamiento sólo porque ella quiera verle triunfar, crecer y esté dispuesta a alentarle.

Escoja unirse a personas que están creciendo. Su entusiasmo por la vida le inspirará. El conocimiento que obtienen de su propio crecimiento le ayudará a usted.

Opte por asociarse con personas que tengan una actitud dadivosa hacia el mundo; reunirse con quienes quieren hacer una contribución a la vida, las cuales desean ver los problemas resueltos, las necesidades solucionadas, las mejorías realizadas, las malas situaciones remediadas. No espere ser el objeto de su dádiva sino ser su colaborador.

Seleccione recibir las cosas buenas que las personas desean darle. No rehuya su ayuda constructiva. No ignore sus cumplidos. No les rechace cuando se ofrecen a estar con usted en los momentos difíciles. Ábrase y reciba lo que ellos tienen para usted.

La persona con baja autoestima es a menudo, cautelosa. Demasiadas personas le han herido con el pretexto de tratar de ayudar. Ha sido lastimado en nombre del amor. Si ese es el caso en su vida, necesitará hacer una selección consciente de abrirse y recibir.

- Escoja sabiamente sus dadores.
- Seleccione recibir solamente lo que le ayuda.
- Elija aceptar solamente lo que usted pueda abarcar.

Mientras más positiva, buena y edificante información y opiniones usted reciba acerca de sí mismo, más crecerá su autoestima.

Pasos de acciones prácticas

8★ Simplemente diga No

¿Hay alguien diciéndole?...
  «Usted no es lo suficientemente bueno»,
  «Usted no es aceptable»,
  «Usted no tiene lo necesario»,
  «Usted no es amable»,
  «Usted no vale»,
Simplemente diga: «No. Usted está equivocado respecto a mí».

¡Párese firme! No ceda sin luchar, permitiendo así que otra persona le pisotee.

Antes de adoptar una fuerte posición defensiva, asegúrese de entender completamente lo que se dice acerca de usted. Con mucho control y tranquilidad analice uno por uno los aspectos, indague sobre la persona que habló de usted hasta obtener las verdaderas intenciones de lo que dijo:

* ¿Está usted creyendo que no tengo lo necesario porque carezco de algunas habilidades o entrenamiento, o es porque piensa que soy una persona con defectos?
* Está usted diciendo que no soy amable porque usted no tiene la capacidad de amarme, o porque hay ciertos atributos o comportamientos que le disgustan? (Siempre asuma que gustar y amar son

dos emociones diferentes y que no siempre van unidas).

• ¿Sobre cuáles evidencias está usted concluyendo que soy inaceptable? ¿Es mi calificación o mi persona lo que me hace así?

Es su derecho   Es su derecho tener una respuesta a las acusaciones en contra suya. Las respuestas pueden no ser lo que usted quiera oír, pero escúchelas atentamente para conocer todo lo que necesita saber. Si indudablemente carece de habilidades y atributos específicos, tome la postura de que éstas cosas usted puede aprenderlas o desarrollarlas. La razón por la cual está siendo rechazado tiene que ver con las calificaciones y no con la calidad de su persona.

Si de otra manera, la afirmación es en contra de quien usted es, (cuestionando su derecho a existir, sus derechos humanos básicos o su derecho legal) párese en firme y rétela. Diga: «No estoy de acuerdo con usted, creo que tiene una percepción errada de (o limitada sobre) mí». Explique sus razones para haber llegado a esa conclusión.

Usted puede preguntarse: «¿Pero qué si la persona es más grande que yo?» (Lo que también puede ser dicho como: «Más fuerte, poderoso o inteligente que yo».) De cualquier forma, párese firme.

Usted merece algo mejor   Aún si alguien intenta usar la fuerza en contra suya, declare: «Usted no tiene derecho para hacerme o decirme ésto. Yo merezco algo mejor».

Usted puede apelar a una autoridad mayor si siente que está siendo acusado injustamente.

Puede necesitar solicitar acción legal.

Es posible que necesite huir. (No vale la pena pararse firme si puede ser mutilado o asesinado.)

Haciendo esto, sin embargo, asegúrese que está tomando una acción escogida por usted. Aún si lo grita al viento, o lo susurra a su espejo, proclame para si mismo: «Soy valioso. Merezco ser amado. Puedo cometer errores pero soy una persona con méritos».

Dígale no a la persona que intente rebajarle o disminuir su valor. Dígale no a quien intenta socavar su autoconfianza. Haciendo esto se está diciendo sí a usted mismo.

9★ No se rebaje a sí mismo

Usted probablemente ha escuchado a alguien decir: «Oh, no me merezco esto».

O: «Soy un Don nadie».

O: «Está fuera de mi alcance».

¿Es usted culpable de hacer afirmaciones como estas acerca de sí mismo?

¿Es usted responsable de llamarse a sí mismo estúpido o cualquiera de esos términos negativos?

Si es así… deténgase.

Nunca, nunca se rebaje a sí mismo Cada uno de nosotros tenemos suficientes problemas soportando las observaciones celosas, indiscretas, descuidadas y perjudiciales de otros. No necesitamos amontonar más carbones encendidos sobre nuestras cabezas.

¿Qué sucede cuando usted hace una observación negativa acerca de sí mismo?

- Primero: reafirma esa idea en su mente. Sus propios oídos usualmente son los más cercanos a su boca. Si usted se cree a sí mismo, comenzará a pensar de su persona en la misma forma en que se describe.
- Segundo: usted siembra esa idea en la mente de otros.

Pronto, ellos se estarán diciendo a sí mismos: «Si ella piensa que es estúpida, probablemente lo es», o «Si él piensa que es un tonto, sabrá por qué lo dice». Otros comienzan a pensar acerca de su persona exactamente como usted les pide que lo hagan, y lo próximo que sabrá es que le tratarán de acuerdo con la forma en que les ha sugerido hacerlo, ¡como si usted fuera un tonto, un bufón o un perdedor!

Si le dice a alguien que usted no merece algo... la próxima vez posiblemente no lo recibirá. Si le afirma a otra persona que usted es un inútil... la próxima vez que pida un aumento quizás no lo obtendrá. Si usted expresa ser un insignificante... en un futuro no será invitado a ir.

Sea honesto   «Pero», usted pudiera protestar, «estoy sólo bromeando».

No haga eso. Cuando se refiera a quién es usted, sea honesto.

Usted dice: «Si no digo algo así, la gente pensará que soy orgulloso».

No necesita decir algo vanidoso. Es preferible no afirmar nada que expresar algo negativo de sí mismo. O diga solamente: «Gracias», «¡Qué cosa!» o «¡Lo sé tan bien que lo haré mejor la próxima vez!»

Se sorprenderá de haber ganado el premio, pero no diga: «Oh, debieras haber escogido a otro».

Usted puede estar agradecido por haber recibido la honra, pero no diga: «Ea, realmente yo no lo merezco».

Podrá estar intrigado del por qué alguien le haya pedido acompañarle o ser partícipe o tomar el nuevo encargo, pero no diga: «¿Está usted seguro de haber escogido la persona adecuada?» La gente tiende a pensar de su persona como usted les diga que lo hagan. Por lo tanto, dígales cosas buenas.

10 ★ Mire fijo a su mayor temor

El temor es el silencioso compañero de una baja autoestima. Usualmente, las personas que luchan con una autoestima disminuida expresan un profundo sentimiento de temor. En muchos casos, es referido más bien como un «sentimiento incómodo», una «preocupación» o una sensación de estar «afligido». Cuando a la persona se le pregunta, a menudo no sabe qué le está molestando o quizás sea capaz de describir situaciones incómodas sin ser capaz de designarlas como temor.

Hay fundamentalmente un miedo común a todos nosotros: el de estar solos. Durante décadas, los científicos nos han dicho que los niños nacen con dos miedos: a caerse y a los ruidos súbitos. Ambos temores están estrechamente asociados con el nacimiento: los tranquilos y ensordecidos ruidos de la matriz son alterados mientras el bebé «cae» desde la matriz de su madre hacia un nuevo y más ruidoso ambiente. ¡Qué experiencia tan traumatizante sería para nosotros los adultos si nos encontrásemos en una situación similar aún a sabiendas de que se avecina algo tolerable!

La separación es también una parte del proceso de nacimiento. Al ser cortado el cordón umbilical dejamos de estar conectados vitalmente a otro ser humano en lo que a nosotros nos había parecido que sería una relación inseparable. A través de nuestra vida ansiamos en muchas maneras esa unión, intimidad y sentimiento del ser «uno» con otra persona. El miedo de perder la conexión parece ser un temor básico enraizado en las emociones; al igual que el temor de caernos o el miedo a los ruidos fuertes lo están en nuestros instintos físicos.

¿Está usted temeroso hoy? ¿Siente como si algo le estuviese molestando en lo más profundo de su espíritu?

Encare ese temor. Póngale nombre. Enfréntelo.

Admítalo   «Tengo miedo de estar solo. No quiero estarlo. No me gusta la idea de permanecer solo».

Enfrente el hecho   «Estoy solo, lo he estado durante años y he sobrevivido. Aún así puedo tener relaciones maravillosas con otros; en conclusión: estoy solo. Con el mejor matrimonio, el más amable entorno familiar, las más significativas relaciones de trabajo... Soy un individuo responsable de mis propios actos, ideas, elecciones y responsabilidades. Esa es la vida. Y puedo sacar el mejor partido de esto».

Reconózcalo   «En este mundo, unas personas sí y otras no, tienen miedo de estar solas. Nadie, al igual que yo, quiere estar solo. Si soy rechazado o desconectado de una persona, hay, literalmente, otros cientos de miles con las cuales pudiera establecer una conexión».

Confíe   «Puesto que todos anhelamos una conexión, haré lo mejor posible para alcanzar a otros que están tan temerosos de estar solos como yo lo estoy. No esperaré a que ellos hagan más de lo que pueden por mí; haré todo lo que esté a mi alcence por ser un amigo (esposo, miembro de la familia, colega) leal a ellos».

El temor nos invalida de ser nosotros mismos y de ejercitar nuestros talentos y querer alcanzar nuestro potencial.

Cuando, a causa del temor, usted no se expresa libremente, elimina una parte de lo que usted es y puede ser. Se limita a sí mismo. Una baja autoestima y falta de confianza son el resultado de cuando usted limita sus acciones y se convence de que no puede hacer ciertas cosas o es incapaz de llegar a determinadas metas.

La autoestima comienza a crecer cuando usted encara su más grande temor y le mira fijo.

11 ★ Haga un inventario personal

La persona con autoestima empequeñecida raramente mira más allá de su propia nariz. Está más preocupada consigo misma que la persona con alta autoestima. El crecimiento ocurre cuando la persona puede retroceder y mirarse objetivamente para apreciarse en la forma en que lo haría otra.

Si tiene problemas para hacer ésto pida a alguien que le ayude a ser objetivo con respecto a usted mismo. Seleccione a alguien en quien confíe para decirle la verdad (un amigo fiel, un ministro o un consejero profesional).

Escriba su inventario De este modo usted podrá referirse después a él y ser alentado al ver su crecimiento a través del tiempo. Ningún inventario personal es el último. Debe estar constantemente en un estado de cambios positivos.

Haga una lista de sus ventajas Ventajas personales fijas son aquellas con las cuales usted nace (una fuerte constitución física, los miembros de la familia que usted considera buenos ejemplos o una habilidad musical). Observe todas sus fuerzas de personalidad y talentos. Las ventajas realizables son aquellas que usted ha adquirido en la vida: entrenamiento, educación, experiencias, asociaciones y amistades. (¡Algunas veces los amigos y colegas son las mejores ventajas que usted tiene!)

Identifique sus metas   Sus metas y sueños son una parte de quien usted es como persona. A menudo, ellos son la razón por la cual usted actúa de la forma en que lo hace. Hablando generalmente, la persona con pobre autoestima tiene más bajas, y menos cantidad de, metas que quien posee alta autoestima. Si usted no tiene ninguna meta, ¡tómese esta oportunidad para establecer alguna!

Identifique sus creencias   ¿En qué se siente fuerte usted? ¿Cuáles son sus valores espirituales? ¿Cuál es su código ético? Su sistema de valores es la «energía» detrás de sus acciones; casi siempre se relaciona con la intensidad de sus motivaciones. Muy a menudo la persona con una baja autoestima pierde de vista sus creencias o su sistema de valores se debilita. Escribir en un papel lo que usted cree, es un buen ejercicio para reevaluar su vida espiritual interior.

Identifique sus obligaciones   Tómese un momento para cuestionarse lo que usted escribió como sus obligaciones. Pregúntese a sí mismo por qué las colocó en esa categoría. Usted puede estar relacionando sus obligaciones con las metas (usándolas como excusas para las razones por las cuales no está triunfando.) Eso raramente es válido.

Todas sus obligaciones son realizables. Mientras más cerca las mire, más probable es borrarlas de la lista. Deje esto para el final en su inventario personal.

Identifique acciones específicas para convertir las obligaciones en ventajas   ¿Qué puede hacer por sí mismo? ¿Qué requiere la ayuda de otros? ¿Dónde puede obtener esa ayuda? Haga un plan para convertir las obligaciones en ventajas. Algunas de las obligaciones observadas puede que nunca lleguen a ser verdaderas «ventajas» para usted; pero ellas pueden, al menos, ser neutralizadas para no entorpecer su camino hacia las metas o reflejarse en sus creencias.

Ahora retroceda y dé un vistazo al cuadro. Si en verdad es objetivo encontrará que probablemente tiene muchas más ventajas (contando sus sueños, creencias, metas y amigos como tales) que obligaciones. Estas pueden ser convertidas en ventajas o hacerse factores neutrales en su vida.

¡Haga un inventario de quién, realmente, es usted!

12 ★ Haga un plan

Después de completar su inventario, dé un segundo paso y haga un plan de crecimiento personal.

Revise sus ventajas   ¿Qué puede hacer para reforzarlas? ¿Cómo puede enriquecer sus amistades y relaciones profesionales? ¿Qué puede hacer para obtener más información o adquirir más habilidades en sus áreas de interés o destreza?

Revise sus metas   ¿Son prácticas? ¿Son verdaderamente en las que usted quiere trabajar para lograrlas? Elimine las metas que son simples deseos o ilusiones. Elimine todas las que estén basadas en la casualidad, (ganar la lotería no es una meta aceptable, ¡es un deseo quimérico!) Divida sus metas en submetas o componentes. Identifique una serie de pequeños pasos que usted puede dar para llegar a su destino final.

¿Cómo se relacionan algunas de sus metas? ¿Hay áreas en las cuales usted puede alcanzar dos objetivos mediante una sola actividad?

Revise sus creencias   ¿Cómo puede influir en ellas? ¿Qué cosas específicas puede hacer para probar, reforzar o activar las que usted mantiene como valores importantes?

Ser y hacer   Haga listas. Mantenga horarios. Concéntrese en un régimen que le ayude a hacer que sus días, semanas y meses cuenten en el cumplimiento de las metas más importantes para usted.

Usted puede quejarse: «Todo es hacer» ¿Cuándo llega el momento de ser, los momentos relajantes, el tomar la vida como viene?

Las listas no excluyen la espontaneidad. ¡En muchos casos, ellas la permiten! Los horarios no excluyen tiempos de tranquilidad, recreación o períodos de embellecimiento y descanso. Ellos pueden acomodarse en su tiempo.

Para muchas de las personas, «hacer» y «ser», están tan interrelacionados que no pueden ser separados. Somos lo que hacemos; actuamos con base en quienes somos. Aún la persona más pacífica y calmada hace ciertas cosas que crean ese sentido dentro de su ser. El asunto real es acerca de la intensidad. ¿Quiere usted tener una autoestima más saludable? Probablemente necesitará enfatizar más su vida. ¿Quiere más confianza? Entonces hay un indispensable «hacer» de ciertas cosas para alcanzarla.

13 ★ Suspenda las comparaciones

La persona con autoestima y confianza pobres casi siempre ha desarrollado el mal hábito de compararse con otros.

- Simplemente no soy tan bonita como Sussie.
- No soy tan inteligente como Gerardo.
- No procedo del mismo ambiente privilegiado que Margarita.
- No tuve las mismas oportunidades de educación que Barrett.

Suspenda las comparaciones. Usted se está comprometiendo en una mentira.

¿Una mentira? ¡Sí! Las comparaciones están usualmente basadas en informaciones erróneas y son, por lo tanto, en cierto grado falsas.

En primer lugar Usted no sabe cuanto se debe saber acerca de esa otra persona. No conoce realmente el coeficiente de inteligencia de Gerardo ni sus calificaciones de aptitud en algunas áreas de aprendizaje. No está realmente enterado de todos los detalles del ambiente del cual surgió Margarita. Ni conoce la historia interior de la ayuda financiera que hizo posible la educación de Barret. Cada persona tiene algo que vencer para alcanzar el éxito en la vida. Cada «triunfo» tiene su precio en términos de tiempo, esfuerzo y recursos.

En segundo lugar   Las comparaciones son utilizadas a menudo como excusas para el fracaso: «Yo no obtuve el trabajo (la promoción, el aumento, la cita, el premio o el honor) porque no soy tan inteligente como Gerardo, tan bonita como Sussie, y así sucesivamente». De nuevo, probablemente ese no es el caso.

Usando una excusa se está mintiendo a sí mismo, sin enfrentar las razones reales ubicadas detrás de lo que usted percibe como una pérdida. No está reconociendo el hecho de que prestó poca atención en su entrevista, tuvo una apariencia desaliñada, usó una mala gramática (necesita aprenderla de nuevo), no llenó completamente la solicitud, ridiculizó a la otra persona, no tenía la calificación apropiada o cualquiera otra, dentro de un infinito número de razones.

Para ganar autoestima y confianza, primero debe decir la verdad acerca de usted y limitarse solo a usted mismo. Debe aceptar las culpas por sus errores para poder aplaudir sus éxitos.

14 ★ Párese erguido

Esta observación se sostiene sin importar la edad, sexo, raza, estatura física o belleza:

La persona con una alta autoestima se para derecha, se sienta bien y camina con intrepidez. La persona con pobre autoestima es desaliñada, se escurre, agacha su cabeza, se encorva y frecuentemente, se sienta encogido.

No importa cuánto maquillaje pueda tener la persona, la precisión del peinado, el brillo de los zapatos o el costo de la ropa... Indiferentemente de cualquier joya o accesorio relacionado (incluyendo modelo de auto)... una mujer que se para derecha, se sienta bien y camina erguida, se considera ella misma una persona de valor y fuerza interior; una mujer con el potencial para el triunfo.

El minuto en que usted toma la decisión dentro de sí mismo de crecer en autoestima y confianza, hace una segunda decisión: desde este día en adelante caminaré erguido.

Los hombros hacia atrás y la frente en alto.

Un paso largo y firme (aunque simplemente esté caminando de un cuarto a otro en su propio hogar).

¡Una actitud cabal para el mundo!

Bienestar físico   Cuando usted adquiera una nueva postura, se sentirá físicamente mejor. Una buena postura está unida en muchas formas a una buena salud.

Bienestar sicológico   Usted se sentirá mejor sicológicamente. No todas las señales de su ser salen primero del cerebro. En el caso de la postura: su cuerpo también le está enviando una señal a su cerebro. Si usted camina erguido, pronto pensará de esa manera también. Alcance el cielo con su mente y lo logrará con su actitud.

Cuando usted transmita un mensaje de fortaleza, autoridad y valor propio, otros le respetarán más. Encontrará que los otros tienen menos probabilidades de rebajarle. Mientras más lo respeten, más posibilidad tiene de sentirse positivo acerca de quién es usted.

¡Piense «alto y derecho» hoy!

15 ★ Sonría

¡Nada conmueve el corazón, incluyendo el suyo propio, como una sonrisa! Los investigadores están descubriendo más y más acerca de las útiles sustancias químicas que se vierten en el torrente sanguíneo como resultado de la risa, sonrisa y actitudes positivas. El «corazón alegre» descrito por los sabios de la antigüedad, realmente «surte tan buen efecto como las medicinas».

Aparte de los beneficios físicos de una actitud sonriente están los emocionales. Una persona no puede simplemente reir escandalosamente por un período de tiempo prolongado, sin sentirse también un poco mejor interiormente.

Ríase de usted mismo   Aprenda a reirse de sus flaquezas. La condición humana es risible en muchas formas; todos actuamos como tontos y a veces hacemos el ridículo (aún la persona que parezca más equilibrada y calculadora). No se ría de usted mismo ridiculizándose; ríase del hecho de que a veces usted se embauca, generalmente en las formas más locas, en los momentos menos oportunos. Suéltese y ríase «con» usted y no «de» usted.

Ríase a usted   Salúdese en la mañana con una sonrisa. Lo más importante: recuerde cosas que traigan una sonrisa a su rostro. Ese es uno de los beneficios maravillosos de las experiencias placenteras. (Usted puede recordarlas más tarde durante un segundo, y aún cientos de experiencias más para tener un momento de placer.)

Sonría a otros   Sonría a los extraños, amigos y compañeros de trabajo. A los miembros de su propia familia. Esparza gozo a su alrededor. ¡Es difícil mantener una cara hosca durante largo tiempo en presencia de alguien que está sonriendo!

Recuerde esas cosas que una vez le causaron risas, le obligaron a sostenerse de algo e hicieron saltar su vientre. Déjese llevar y diviértase un poco.

La persona con baja autoestima tiende a tomar la vida (y a sí misma) muy seriamente. Regocíjese.

16 ★ Levántese y salga

La persona con baja autoestima a menudo se esconde del mundo.

Propóngase alcanzar una meta mínima de estas tres acciones cada día:

Levántese.

Levántese de la cama. No se quede allí. Si vuelve a la cama durante el día para tomar una siesta no se ponga su pijama; acuéstese con la ropa de salir puesta.

Levantándose de la cama está adoptando la actitud de «yo elijo sentirme bien».

Por supuesto, usted puede dormir ocasionalmente, puede retirarse temprano, o puede escoger pasarse el día entero de vacaciones holgazaneando en bata de casa y pijama. Pero como norma en su vida escoja salir de la cama, no meterse en ella.

Vístase Dése un baño. Aféitese (si usted lo hace), péinese. Vístase. Maquíllese (si lo usa). Encare el día. Usted puede que no deje su vecindario, pero luzca como si estuviera listo para estar en público.

Arreglarse le ayuda a adoptar la actitud de que está listo para hacer o experimentar algo; «¡que usted está esperando que algo suceda en su vida y está listo para ello!»

Salga de la casa Aunque solamente camine alrededor de la manzana donde está su casa o se siente afuera en el patio; salga de las cuatro paredes de su propio espacio y dése la oportunidad de interactuar con la naturaleza y con las personas. Ambas son regalos de Dios para su vida. Aprenda a verlos como tales y a aprovechar las buenas cosas que le ofrecen.

En todas sus «acciones» para la autoestima... ¡levántese y salga!

17 ★ Dése un poco de ánimo

Algunas veces ayuda ser su propia «comisión de embullo».

Déle la palabra a sus buenas opiniones acerca de usted mismo.

Simplemente, no piense bien acerca de usted mismo, dígalo en voz alta. Usted se oirá a sí mismo y las palabras tendrán una doble oportunidad de echar raíces en su espíritu. Dígase a sí mismo:

- Yo puedo hacer esto.
- Yo valgo.
- Yo puedo aprender esto.
- Yo voy a intentar esto.

Las personas con baja autoestima a veces se sienten así, en parte, porque no tienen alguien para estarles diciendo cuán valiosos son. Si usted no tiene una persona a su alrededor para decirle cuán grande es usted, para aplaudirle en sus momentos brillantes o para reforzar sus buenas cualidades (o si usted no tuvo quien le ayudara a edificarse en el pasado) ¡dígaselo usted mismo!

Reajuste sus recuerdos Vuelva hacia atrás en sus recuerdos, a las veces en que triunfó, hizo algo bien o realizó un buen trabajo; especialmente esas ocasiones en que nadie parecía notarlo ni le decía nada a usted y celébrese a sí mismo. Diga en alta voz: «Sabes, hiciste un buen trabajo construyendo ese modelo de aeroplano» o «Cantaste cada palabra de la canción mientras que muchos a tu alrededor estaban fingiendo que lo hacían» o «Fue una buena acuarela la que hiciste», o «Estoy orgulloso de ti por coger noventa puntos en tu prueba de Historia».

Adquiera un ejemplo de las canchas de tenis: los jugadores se alaban ellos mismos durante un partido. ¡Funciona para ellos y lo hará para usted!

18 ★ Adopte hábitos saludables

La persona con baja autoestima cae frecuentemente en el hábito de no ocuparse de ella misma. Eso incluye, a menudo, cuidado físico tanto como emocional.

Adopte un régimen diario saludable.

Buena nutrición   Llénese con las comidas más frescas y el agua más pura. Evite las comidas de mala calidad y las altas en grasa, sal y azúcar.

Comidas regulares   Tres comidas al día y una merienda opcional; ¡esa es la rutina seguida por la mayoría de las clínicas de cuidado de salud de la nación y en los mejores gimnasios alrededor del mundo! Si es buena para ellos, es una buena política para su hogar.

Si tiene dificultades cocinando o simplemente: no quiere cocinar; aún tiene muchas opciones. Mande a buscar la comida, vaya a comer fuera. Emplee a un cocinero. Estas opciones pueden parecer caras, pero muchas veces son menos caras que comprar comida para terminar tirándola a la basura.

Sueño suficiente   Ocho o nueve horas de sueño ininterrumpido, como lo afirman investigaciones recientes, son consideradas la meta para la mayoría de las personas. Usted puede necesitar adoptar una política de apagar las luces más temprano en su casa; puede que necesite ajustar su horario; evitar el trabajo en horas tempranas de la mañana o hacer del dormir una prioridad. Cualquier cosa que sea pero: duerma.

Contacto con las personas   Esté con otras personas, al menos una parte del día, con quienes pueda pasar momentos relajantes y tener una conversación sin apuros; para hablar de los obstáculos vencidos o enfrentados, de sus triunfos, del último chiste que escuchó, lo más cómico que le sucedió viniendo hacia su casa, el nuevo producto que vio en la tienda, las últimas noticias en el mundo, su comunidad, su vecindario, su vida, sus opiniones.

Tiempo para jugar   Dedique al menos una parte de cada día a la diversión. Si el ejercicio es «trabajo» para usted, no cuenta. Su actividad de diversión puede ser una afición, un juego, un deporte, un proyecto de hacer arreglos, una película o un libro. Haga algo que aleje la mente, en su totalidad, del trabajo y los problemas. Si labora con sus manos todo el día, su diversión puede ser algo en que utilice su mente. Si trabaja con su mente todo el día, trate de hacer algo con las manos. La televisión no es válida como juego. Mientras que se entretiene no satisface completamente. Elija una actividad acerca de la cual pueda decir después: «Fue verdaderamente divertido. Pasé un tiempo maravilloso». Dé rienda suelta a la risa.

Centrar su tiempo   Deje algunos minutos cada día para unos momentos de quietud y tranquilidad. Aprenda a disfrutar el estar solo. Utilice el tiempo para leer literatura inspiracional, para orar, para simplemente, pensar. Concéntrese en los grandes problemas de la vida, no en los personales. Sueñe. Imagine. Piense grandes cosas.

Una disciplina diaria con estos componentes envía una señal a su siquis: usted tiene equilibrio, tiene salud. ¡La persona con un equilibrio saludable es un buen candidato para obtener una alta autoestima!

19 ★ Diga no a las trampas químicas

Aunque diariamente diga que sí a la salud, diga no a aquellas cosas que pueden dañarla.

La persona con una autoestima empequeñecida, algunas veces se vuelve a productos químicos (incluyendo el alcohol) como una forma de reforzar su confianza o mejorar su auto percepción.

A la larga, los productos químicos no mejoran la confianza ni la autoestima; sólo ayudan a enmascarar temporalmente la falta de ellas.

Dígale no a los productos químicos que usted no necesite para las funciones corporales normales Asuma que cualquiera de estos medicamentos tomados por usted, son los requeridos por su cuerpo para restaurar la función normal. Por ejemplo: una aspirina puede ayudarle a eliminar un dolor de cabeza. No asuma que necesita dos cada cuatro horas por el resto de su vida para mantener alejado el dolor. Por otro lado, si es diabético dependiente de la insulina, tómela pues su cuerpo la necesita para funcionar normalmente.
No asuma que cualquier medicamento ingerido va a ser necesario de por vida

Algunos pueden estar en esta categoría, especialmente aquellos para los pacientes crónicos del corazón. Otras medicinas deben permitirse usar sin la expectativa de volver a ser necesitados. No asuma que porque a usted le han recetado un tranquilizador o una antidepresivo para un período de dificultades en particular, lo necesitará siempre. ¡La mayoría de las drogas son prescritas para enfermedades específicas que pasan dentro de un mes!

Tome los medicamentos según se los indicaron No tome más de una medicina por receta a la vez sin consultar antes con su doctor. Siempre pregunte los efectos secundarios, especialmente aquellos que pueden ocurrir cuando dos o más medicinas reaccionan la una con la otra dentro de su cuerpo. Nunca asuma que si una píldora funciona bien, dos lo harán mejor.

Jamás tome un producto químico para mejorar su habilidad de hacer algo Si quiere relajarse, tener más energía, ser más creativo, trabajar durante más horas o mejorar la fortaleza de su musculatura, tales drogas le harán más daño que beneficio.

Nunca tome un producto químico para mejorar su apariencia social Participar en «incidentes químicos» mejora su status solamente con aquellos que también están envueltos; en otras palabras: su status es mejorado sólo por aquellos que ya están adictos, desinformados, mal orientados, rebeldes o ignorantes. Asociarse con estas personas daña su autoestima.

Si usted siente que se está convirtiendo en un adicto a medicamentos de prescripción, hable con su médico acerca de formas seguras para eliminar el uso de la droga. No intente desintoxicarse por su propia cuenta

Enfrente el hecho de que el alcohol y la nicotina son drogas No se inicie en el uso de estas sustancias. Si ya está adicto, obtenga ayuda para liberarse.

Se sentirá físicamente mejor y tendrá un gran sentido de victoria al vencer la adicción.

Los sentimientos de autoestima inducidos por productos químicos son siempre un pobre sustituto de la realidad.

20 ★ Asóciese con personas que tengan alta estima

Elija estar alrededor de personas que tengan confianza y posean una equilibrada y saludable perspectiva acerca de ellos mismos. Escoja asociarse con individuos que se autovaloran y valoran a otros. Seleccione participar en actividades y proyectos con hombres y mujeres que estén creciendo (quienes se asignan grandes metas y están en camino de alcanzarlas).

Usted se sentirá inspirado Encontrará que las horas junto a personas con alta estima pasan rápida y productivamente. Se sentirá alentado a tratar cosas nuevas y obtendrá el deseo de hacer más y más.

Usted será ayudado Las personas con alta autoestima son, casi siempre, dadores. Frecuentemente son maestros o «guías de corazón»; gente con deseo de ayudar a otros a alcanzar su completo potencial, al igual que buscan el suyo propio. Acepte su ayuda y consejo.

Usted se instruirá Aprenderá mirándolos a ellos; no sólo en el área de las habilidades de trabajo sino en las de comunicación y habilidades interpersonales. Sea abierto a las sugerencias.

¿Quiere aprender algo? ¡Busque la persona de más confianza en el conocimiento de ese asunto o con más habilidad en ello!

En una galería de arte famosa una docena de estudiantes estaban copiando las grandes pinturas expuestas ante ellos. Su maestro les dijo de esta forma: «Deben copiar para aprender la técnica, para obtener una base; después pueden escoger sus propios temas y estilo». ¡Buen consejo!

Mientras más se asocie con gente de alta estima e imite sus comportamientos y formas de pensar, más se estimará a sí mismo y los otros le apreciarán más, con mayor respeto.

21 ★ Obséquiese usted mismo

Dése ocasionalmente un gusto. Simplemente por eso.

- Podría tomar un baño espumoso relajante.
- Ordenar su comida favorita en el restaurante preferido.
- Explorar las tiendas de una cierta área durante toda una tarde.
- Ir sólo al cine.

Cualquiera sea su elección, dése una dosis de placer.

Complacencias económicas   Usted puede necesitar emplear a una persona para cuidar sus niños y darse un gusto. ¡Hágalo!

Requiere sentirse bien, acerca de usted mismo, si va a transmitir un buen sentimiento a su niño.

No es necesario gastar una gran cantidad de dinero en su indulgencia, esta puede ser en tiempo solamente. Un paseo por el parque al mediodía podría ser suficiente, sin costo alguno (y con el añadido provecho del ejercicio).

Complacencias ocasionales   No debe hacer de esta gratificación un hábito. De otra manera pronto no sería más un obsequio. Un helado de chocolate todas las tardes no es una indulgencia; es un daño.

Elija una complacencia ocasional en representación de algo que no pueda hacer a menudo o que espera que otros lo hagan por usted.

Cómprese un ramo de flores. ¡Disfrútelas! Hágase un regalo ocasional.

Una vez al año un amigo toma un paquete de monedas y se va a la sala de juegos de video para jugarlos todos. «Por espacio de dos horas, soy otra vez un adolescente descuidado y derrochador», dice él. «El resto del año puedo ser un adulto».

Usted agasaja a las personas que le gustan. Obsequia a quienes respeta o desea honrar. Las acciones no son menos importantes cuando quien las recibe es usted mismo.

22 ★ Señale lo positivo

Cuando alguien llama la atención referente a lo negativo de una situación o critica, elija hablar de los aspectos positivos; ¡especialmente si el comentario negativo es acerca de usted!

«Yo soy yo» ¿Qué responde usted cuando alguien le dice: «No eres tan buena cocinera como Sally», o «No eres tan bueno en nada como cualquiera»? Responda: «Tal vez no. Estoy de acuerdo contigo. Sally es mejor cocinera. Pero probablemente soy mejor en otras cosas. Yo soy yo, Sally es Sally. Cada una de nosotros tiene diferentes fuerzas y debilidades. Déjeme recordarle acerca de una de ellas».

Vea mis buenas cualidades ¿Qué responde cuando alguien le dice: «Usted es un desaliñado»? Primero pregunte la definición de ese término. ¿Qué no le gusta a esa persona? Insista en afirmaciones concretas. No niegue el hecho de que usted puede ser, «en parte, desaliñado»; a la misma vez ¡no tome la total identidad de un desaliñado! Responda: «Hay algún merecimiento en lo dicho por usted, pero estoy arreglando eso. Sin embargo también hay un lado bueno en mí. Todo el mundo tiene un aspecto bueno y otro malo. Espero que usted pueda ver mis buenas cualidades».

¿Qué es lo que a usted le gusta?   ¿Qué responde cuando alguien le dice: «No me gusta la forma en que te peinas»? Responda: «Gracias por darme su opinión. ¿Qué es lo que le gusta de mí hoy»?

Tengo fuerzas   Siempre traiga a lo positivo, a una persona que comente negativamente. Insista en ser considerado como una persona completa, con ambas cualidades: buenas y malas. (Fallos en los que usted está trabajando y fuerzas que está buscando para mejorar.)

A veces puede necesitar insistir a la persona el admitir que el fallo es pequeño y no de proporciones o importancia cósmica. Pocos fallos son fatales para usted o para otros. Puede responder: «Sí, tengo esa falta. Estoy tratando de arreglarla. Siento que eso le irrite. Pero también sé que no es algo con consecuencias de vida o muerte».

La persona con una pobre autoestima frecuentemente pone atención sólo al comentario negativo y no es firme en sus propios atributos positivos. Insista en que otros hablen cosas positivas cada vez que se estén expresando negativamente.

23 ★ Haga algo con sus manos

Produzca algo con sus propias manos. Puede ser algo de utilidad, belleza o para diversión:

- en madera (un mueble, un cuadro, una casa para el perro, una pajarera, un portal o un candelabro).
- una pintura o dibujo.
- costuras a máquina o bordados a mano.
- piezas en barro o cerámica (manuales o hechas en el torno).
- arme modelos a escala (una casa de muñecas para su niña o un conjunto de hamacas para el patio).

Logros   ¿Qué relación tiene la autoestima con el trabajar con sus manos? Los proyectos hechos a mano tienen, obviamente, un comienzo, una etapa intermedia y un final. Cuando haya terminado el trabajo del día, podrá ver su progreso. Al concluir con el proyecto podrá regocijarse en su logro. Una pieza de artesanía terminada, le dice a usted y a los otros: «Soy una persona capaz de hacer cosas».

Habilidad   Un proyecto manual necesita habilidad. Su trabajo puede ser imperfecto porque sus habilidades no están correctamente «pulidas». Eso está bien.

Considérelo uno de sus «primeros trabajos». El objeto hecho a mano le dice a usted y a otros: «Tengo una destreza. Estoy aún desarrollándola, pero la buena noticia es que estoy mejorando en esta habilidad. Soy capaz de aprender».

Planificación   Los proyectos hechos manualmente necesitan una planificación y casi siempre la habilidad de leer y seguir instrucciones. El producto terminado nos demuestra: «Puedo pensar y traducir lo que leo, en algo que puedo hacer. ¡Soy una persona inteligente!»

El objeto hecho a mano es un reflejo suyo (de su inteligencia, pericia, maña, capacidad de construir, destreza para hacer elecciones en la vida, su tiempo y por encima de todo: la habilidad para establecerse una meta y disciplinarse para lograrla, pieza por pieza o paso a paso).

24 ★ Haga un jardín

Los jardines representan vida, belleza, salud, nutrición. Ellos reflejan las estaciones. Le ponen en contacto con los grandes ritmos de la vida, crecimiento y muerte. Hágase uno. Le ayudará a crecer en estima.

Flores o vegetales, la elección es suya. Haga todo el trabajo o sólo parte de él. Por supuesto, asegúrese de que ocasionalmente usted ponga sus manos en la tierra y toque las plantas. No mire su jardín simplemente como un proceso distante. Tome parte activa en su diseño, desarrollo y cultivo.

Trabajar con la tierra y las plantas logra algunas cosas que edifican su autoestima:

Un jardín le pone en contacto con el Creador

Eso es casi siempre un recordatorio de su status como ser creado único en su género. Observe cómo cada planta es diferente, cada flor tiene una característica distinta. La diversa gama de colores y texturas se mezclan. ¿No es increíble la variedad en su jardín? Reflexione en su individualidad y los modos en los cuales usted es claramente diferente de los demás y aún capaz de mezclarse con los que estén a su alrededor.

Un jardín le muestra el valor de todas las cosas vivas   Cada cosa dentro del mundo natural tiene una función y propósito. Los humanos obramos de modos similares. Cada uno de nosotros tiene algo dentro que es capaz de ayudar a otros. Usted tiene belleza para dar. Talentos que pueden mezclarse con los de otros y mensajes importantes para comunicarles.

Un jardín le hace rememorar muchas leyes naturales y principios de preceptos espirituales
Usted se enfrenta con el principio de una semilla. Aunque puede plantarla y echarle agua, un poder mayor, que el del ser humano, hace que la semilla crezca. Usted se enfrenta con las plagas de malas hierbas e insectos. A menudo su vida también se ve plagada de intrusos indeseados. Un jardín le muestra que usted puede sobrevivir el trasplante, la poda y las heladas.

Un jardín le recuerda su papel como sirviente de la tierra   Usted es un vigilante del mundo a su alrededor.

Un jardín le permite ver que nada florece sin alimento y cuidado   Al igual que las plantas del jardín necesitan agua, rayos solares, fertilizantes y cuidado diario, así mismo usted debe beneficiarse con el alimento que necesita.

Un jardín le hace ver los gozos del proceso   Hay gran placer en plantar y cultivar las etapas de la vida, no sólo la cosecha.

25 ★ No lo haga todo

La persona con baja autoestima frecuentemente falla al no delegar responsabilidades o tareas a otros. Acostumbra a pensar de sí mismo como el «hacedor» que deseosamente toma todo el trabajo más fuerte sin preguntar si es verdaderamente su obligación.

Esto no quiere decir que algún tipo de trabajo sea indigno para una determinada persona. Todo trabajo tiene su valor y es meritorio. Es decir, que estar presto siempre al capricho y a la orden de otros para hacer tareas fuera de nuestro trabajo acostumbrado no es característica de una persona con autoestima saludable. Una persona así, siempre está dispuesta para hacer cualquier cosa que legítimamente le haga crecer y obtener, pero no está dispuesta a ser utilizada por otros.

Aprenda a delegar (y a hacerlo justamente) Si usted supervisa a personas a quienes puede pasarle algunos trabajos y responsabilidades, hágalo. Déles tareas que a usted le dé igual hacerlos tanto como aquellos que no le gusten. Prémielos por sus esfuerzos. Aprecie la contribución de ellos.

Cuide su tiempo «voluntario» y energía ¿Está ya su plato lleno de actividades relacionadas con la iglesia?

Diga no cuando le pidan tomar una tarea más, no importa cuán importante sea. ¿Está su horario lleno al máximo? Niéguese cuando se le pida dar su tiempo voluntario para un proyecto comunitario, no importa quién se lo pida.

Diga no cuando le pidan hacer algo que degrade su persona ¿Piensa usted que un «amigo» le está usando para algunos de sus mandados o tareas porque él simplemente ha fallado en planificar su tiempo y energía sabiamente? Diplomática, pero firmemente diga: «No puedo ayudarte en este momento». Si usted pierde su amistad por decir no, pregúntese en primer lugar si esa persona era verdaderamente su amigo.

Los fanfarrones del barrio, de la época de su niñez, a menudo parecen resurgir en forma de supervisores, esposos, colegas o socios. Llega un momento cuando es mejor decir: «Este es mi vecindario también».

26 ★ Revise su lenguaje

A menudo, la persona con baja autoestima no limita a ella sus pensamientos o comentarios negativos. Muchas veces se convierte en cínica acerca de todo en la vida, acompañada de fuerte sarcasmo y crítica cortante.

Escúchese a sí mismo Revise su lenguaje. Analice lo que debe decir y cómo lo dice. Utilice una grabadora, si lo necesita, para ser más objetivo. Realmente: ¡Escúchese a sí mismo!, las palabras que usted usa y el tono en que las dice.

- ¿Tiene su voz un tono agresivo?
- ¿Es usted sarcástico?
- ¿Proyecta usted en la vida una imagen cínica?

¿Sospecha siempre acerca de lo que no conoce o no puede ver, previniendo a otros contra determinadas personas o actividades, advirtiéndoles siempre no correr un riesgo?

- ¿Se escucha usted frecuentemente señalando los defectos de otra persona?

- Al ver una película, espectáculo o drama, leer un libro, ¿es su primera reacción destacar lo bueno de ello o inmediatamente lo desaprueba por lo que no servía?
- ¿Es usted un individuo quejoso?
- ¿Tiene una definición o criterio para determinar cuando algo es maravilloso?

Muchos de nosotros somos mejores definiendo lo horrible antes que lo maravilloso. Nos es más fácil decir que nos sentimos mal que lo contrario. Es más factible identificar la pieza faltante, señalar el error o encontrar el borrón en el pedazo de papel, que suplir la decepsión, suprimir el error o limpiar la mancha.

Sea un proclamador de la verdad   Escoja convertirse en un proclamador de la verdad, lo que significa transmitir toda la verdad acerca de algo, ambas: buena y mala.

Elija cambiar su tono   Cambie la forma en que usted habla respecto de otras personas, referente a sucesos y espectáculos, a propósito de su trabajo y el de otros; ¡acerca de la vida! Usted cambiará su modo de pensar.

27 ★ Establezca un límite

El periódico día depresivo, el punto máximo negativo en su curva de biorritmo, la circunstancia que de repente aparece; todas son partes de la vida. Sentirse deprimido momentáneamente, por supuesto, no debe convertirse en una situación prolongada de conmiseración.

Elija una fecha Establezca un momento en el que usted pondrá fin a su pena.

Marque un instante en el cual escoja detener las quejas acerca de algo.

Haga un círculo en la fecha del calendario en la cual usted «abandonará el luto y asistirá al baile».

Escoja el día para estar «disponible» otra vez para compartir socialmente. Si nadie le invita a hacer algo en ese día, tome la iniciativa e invite a alguien a comer fuera o ir al cine.

Muévase hacia adelante Haciendo esto, usted está decidiendo activamente moverse hacia adelante en su vida (lanzándose al ruedo, está colocádose en posición para volver a reir, reintentar, tornar a crear... regresar a trabajar).

- Dígase a sí mismo después que lo hayan despedido de su trabajo: «Perdí este trabajo. Fallé en eso, pero rehuso dejarme convencer de que siempre voy a fallar. Me voy a permitir estar de luto todo el fin de semana, pero el lunes por la mañana me levantaré y haré todo lo posible en busca de mi próxima oportunidad».

- Después del divorcio, dígase a usted mismo: «Voy a darme seis meses para sanar y crecer. Entonces comenzaré invitando a un pequeño grupo de personas para que compartan conmigo y convidarlas a cenar».

Hable con otros   A veces es útil hablar con otras personas acerca de lo que usted necesita hacer para enmendar un fallo o error. La idea de hacer penitencia se traslada a otras áreas de la vida. Acepte y defina un «castigo» para usted, entonces una vez haya cumplido esta molesta tarea, ese doloroso proceso, ese trabajo o ese pago, deje atrás el error. No se castigue durante el resto de su vida por una equivocación.

En ocasiones, pedir y recibir el perdón de otra persona debe marcar para usted el «final» del asunto. Finalice definitivamente la discusión o altercado. Estréchense la mano al final de la pelea. Llegue a una decisión o conclusión después de un debate. Decida que lo pasado, pasado es.

Una porción significativa de baja autoestima puede atribuirse a continuar aferrado a las cosas mucho después del tiempo en que debía haberlas soltado; ya sean los comentarios hirientes, los errores, los pecados, las pérdidas o fracasos. Toque la campana en su alma para poner fin a la pelea.

28 ★ Vaya de todas maneras

La persona con autoconfianza pobre, generalmente no disfruta el estar sola dentro de una multitud. Preferiría estar verdaderamente sola para así poder definir siempre sus reglas y escoger sus decisiones.

Diviértase Aprenda a ir por sí mismo a lugares y a divertirse con otra gente aún si no llega o se va con ellos. La única forma de aprender esto es haciéndolo.

¿No puede encontrar con quién ir al cine? Vaya solo. Puede encontrar allí alguna persona conocida; si no, al menos verá la película que le agrada.

¿Qué debe hacer si está solo y una pareja le invita a almorzar con ellos después de la iglesia? ¡Vaya! ¡Y que le aproveche!

¿Se encuentra sin pareja para el banquete del club a sólo tres días de él? Vaya solo. Hay tanta confusión en la mayoría de las fiestas que mucha gente no se va a dar cuenta de su llegada solo. Además, una vez esté allí, encontrará a otras personas sin compañía y van a agradecer tener alguien con quien hablar. Siempre puede irse temprano si después de llegar se siente aburrido o fuera del grupo.

Busque sus intereses   ¿Deja de ir a la iglesia porque su familia no le acompaña? ¡Vaya de cualquier forma!

¿Se obliga a ir al juego de balompié cuando preferiría estar en la ópera? ¿Va usted al ballet cuando verdaderamente estaría mejor en casa, mirando el torneo de tenis por televisión? Encuentre una solución de compromiso. Quizás aún pueda comprar las entradas para la ópera para su esposa y una amiga, con el acuerdo de comprar una para el juego de balompié para usted y el esposo de la amiga.

Usted no necesita compartir todos los intereses de los otros miembros de su familia. Puede ir solo a la galería, el museo, las tiendas. Puede ir solo al lago o escalar las montañas.

Algunas personas temen que al disfrutar actividades separadas se cause una grieta en una relación. Raramente, este es el caso. Las heridas tienden a producirse por otros factores. Usualmente dos personas, quienes se distraen en actividades separadas, encuentran que tienen más para comunicarse el uno al otro. Ambos son más felices haciendo lo que ellos disfrutan, y su felicidad se denota en la relación.

Instrucciones   Cuando busque actividades separadas, siga algunas instrucciones simples:

- Mantenga abiertas las líneas de comunicación con su familia o aquellos con quienes usted esté comprometido en una relación. Dígales dónde va y lo que está haciendo, con quién irá (si es que va con alguien) y cuándo regresará.
- No excluya a su esposa o esposo de las cosas que usted disfruta hacer.
- No se involucre en relaciones aparte, que puedan dañar o destruir la relación familiar con la cual se ha comprometido.

Aprenda a disfrutar lo que le da placer en la vida, aún si no tiene alguien con quien compartir en ese momento. No culpe a nadie más por las cosas que usted deja de hacer, ni le pelee por no acompañarle a lugares o acontecimientos a los que usted desearía ir.

Cuando aprenda a disfrutar asistir a los lugares y hacer cosas solo, invariablemente ganará autoestima. ¡Descubrirá que le gusta ir a los lugares con la persona que se llama: «usted mismo».

29 ★ Prémiese usted mismo

¿Ha alcanzado algo digno en sus criterios, pero nadie lo notó? ¿Terminó un gran proyecto sin que nadie le aplaudiera? ¿Ha logrado un objetivo y nadie le felicitó por ello?

¡Prémiese usted mismo!

Cómprese un regalo Quizás sea algo totalmente frívolo o indulgente. Tal vez un juego de palos de golf o ir a la peluquería.

Vaya al viaje de su elección Salga durante el fin de semana. Escápese en un crucero.

Salga a comer fuera Disfrute que le sirvan.

Envíese un ramo de flores Esta recompensa es especialmente apropiada si el triunfo sin aclamación fue en el trabajo. Usted puede escribirse a sí mismo una tarjeta de felicitación y firmarla: «Un admirador». ¡Mantenga a sus colegas tratando de adivinar quién las envió!

Tómese un día de vacaciones Páselo como lo desee.

Celebre su triunfo Hay solamente dos reglas a imponerse cuando se premia a sí mismo:

1. No escoja como premio alguno que le vaya a hacer daño o a desviar el curso de su triunfo. No hay razón en premiarse a sí mismo por haber perdido de peso; con una combinación de helados. No hay beneficio en gastar mucho dinero en un premio, por haber terminado de pagar una deuda financiera grande.

2. No se premie a sí mismo causando daño a otra persona. No sea vengativo al premiarse anulando a otro ser.

Usted no necesita esperar al final de una gran tarea o un proyecto a largo plazo para premiarse a sí mismo. Algunas veces los trofeos a mitad del camino son más útiles y motivan más. Por ejemplo: si usted se ha metido en un curso de estudios de tres años, obséquiese al final de cada año o semestre.

La tarea no tiene que ser algo de interés para los demás. Quizás se haya hecho por varios años la meta de limpiar el garaje. ¡Prémiese cuando termine el trabajo!

Usted no tiene que dejarle saber a todo el mundo acerca de su premio. Puede saborear a solas su propio éxito. Por otro lado, puede querer invitar a otros a celebrar con usted. Déjeles saber lo que está celebrando y pídales ser sus invitados. Esté preparado a pagar por ellos.

La meta alcanzada puede estar en su rutina diaria. ¿Hace ejercicios regularmente en un gimnasio? ¿Ha logrado alguna meta con respecto a su peso (mediante su cuerpo o una determinada máquina) o completado finalmente el número de vueltas que usted se puso como meta (en la pista o en la piscina)? ¡Prémiese con una media hora extra en la sauna o en el jacuzzi!

Celebrar sus triunfos tiene dos grandes beneficios. Primero: el festejo subraya su éxito en la mente y memoria en una forma positiva. Cuando recuerda una celebración, rememora el triunfo que la evocó y viceversa. Está reforzando su propio buen comportamiento. Segundo: está señalándole a otros (en un modo sin arrogancia) que ha cumplido algo y que esto merece ser destacado.

30 ★ Adquiera una nueva habilidad

Tal vez usted cree que no es bueno en nada. Trate de aprender algo nuevo.

Disciplina Observe a alguien que sabe su oficio, es bueno para usted que quiere aprender y él sería un buen maestro. Instruirse con alguien paciente mientras usted aprende, le va a animar y requerirá ejercitar y practicar su disciplina.

Atributos físicos Evite áreas en las cuales usted no tiene los atributos físicos para el triunfo. Si tiene tobillos débiles y una espalda dañada, probablemente no querrá practicar patinaje sobre hielo. Quizás se haga un daño mayor. Si tiene pobre destreza de los músculos menores, trate de aprender algo que requiera el uso de los músculos mayores. Si su coordinación óptico-manual es limitada, no escoja una habilidad que la necesite.

Aptitud Pruebe un campo en el cual muestre alguna aptitud. ¿A usted le gusta de verdad trabajar con rompecabezas? Considere trabajar con computadoras. Muchos programas requieren la misma lógica que se necesita para resolver estos. ¿Es bueno con las manos y muy paciente? Un gran número de artículos de artesanía y proyectos de tejer requieren solamente esas dos cualidades.

Intereses   Escoja un área por la cual usted tenga un fuerte interés. ¿siempre ha deseado tirar con arco? ¡Tome clases de arco y flecha! ¿Ha pensado siempre que sería divertido diseñar su propia ropa? ¡Aprenda a coser! ¿Disfruta probando nuevas comidas? ¡Aprenda a ser un maestro de alta cocina y diviértase experimentando con verduras, especias y salsas!

Nuevos riesgos   Adquirir una nueva habilidad, bien puede llevarle a un nuevo trabajo o carrera. Las personas que triunfan en sus carreras tienden a gustar de lo que están haciendo, tienen una aptitud para ello, han aprendido su tarea de un profesional y son físicamente capaces de hacer el trabajo. Usted puede unirse a la categoría de ellos.

Lograr una nueva destreza simultáneamente edifica a ambas: autoestima y confianza.

31 ★ Despréndase

A veces nos encontramos en situaciones autodestruc-tivas y que nos vencen o relaciones en las cuales nada que digamos o hagamos es correcto, la comunicación está completamente distorsionada, el dolor emocional y la tirantez de la relación nos mantiene en el punto de ruptura. En tales casos, lo mejor que se puede hacer para su autoestima es «desprenderse».

¿Le ha dicho su jefe claramente la falta de posibili-dades de recibir —alguna vez— una promoción o un aumento de sueldo? ¡Váyase!

¿Su amada o amado le ha dicho que todo terminó definitivamente y ha establecido una nueva relación? Trague en seco, llore cuanto necesite, pero rompa la atadura.

¿Alguna persona lo rebaja, ridiculiza o molesta con-tinuamente cuando usted llega? Aléjese.

Diga a la otra persona que usted se va No sólo desapa-rezca o deje de asistir el lunes.

Exponga sus razones para irse, lo más claro y sin emoción como le sea posible Si se siente aturdido o insultado, dígalo: «Siento que no tengo la oportunidad de crecer, necesito sentirme libre para triunfar». Si ha sido rechazado o herido, diga cómo se siente: «Tengo un gran dolor y debo irme para sanar». Finalmente, lo mejor que puede hacer por la otra persona es explicarle lo que le ha causado dolor a usted siente o decirle su motivo para marcharse.

No se deje convencer para quedarse   Si la pena es lo suficiente como para irse, en primer lugar padece bastante dolor como para necesitar espacio y tiempo para sanar antes de volver a entrar en la relación; aunque la persona prometa hacer todos los cambios constructivos en su vida, él o ella necesitarán tiempo para lograrlo.

No asuma que nunca volverá   Puede que quiera dejar la puerta abierta para la reconciliación o el regreso. Tal vez desee citar cosas específicas que deban hacerse para permanecer en contacto o intentar renovar su relación. Si llega el momento en el cual sepa que no regresará permanentemente, déjelo saber a la otra persona.

Puede que usted no sea quien necesita irse. Puede requerir salir de ese empleado, romper la relación afectiva que ha tenido por mucho tiempo o pedirle a otra persona que se vaya de su casa (esposa, hijo adulto, un visitante o pariente que haya permanecido por mucho tiempo). Si es así, adopte la misma sugerencia: pídale a la otra persona irse y dígale el por qué; no les permita hacerle cambiar su decisión y dejar la puerta abierta para que la(s) persona(s) regrese, mientras usted cambia las cerraduras.

Dar vueltas al final de un callejón sin salida emocional, le causa perder el equilibrio y puede destruir su confianza y autoestima. Rompa el sistema. Aléjese. Despréndase o pida a la otra persona que se retire.

A veces, la gente divorciada se vuelve a casar.

Las personas despedidas por una compañía pueden, en ocasiones, volver a ser empleadas.

Las relaciones pueden sanar.

El amor es un recurso renovable.

Aún cuando una relación ha sido severamente dañada, el tiempo y el espacio son necesarios para que ocurra una verdadera cura. Dése una oportunidad para sanar y volver a obtener su equilibrio. Dése la oportunidad para que su autoestima sea restaurada.

32 ★ Tome un curso

Manténgase aprendiendo. Trácese un rumbo que promueva el aprendizaje durante toda su vida. Esté a la expectativa en el proceso de aprender algo nuevo hasta el día en que muera.

Matricúlese a un curso de estudios en la universidad local, escuela vocacional, su iglesia o en la «universidad a distancia» de su comunidad.

Quizás no quiera tener problemas con créditos y grados escolares. Casi siempre puede hacer un curso como oyente, lo cual, generalmente, le significa pagar un pequeño honorario y estar exento de realizar exámenes o escribir largos informes; pero se espera su asistencia a clases y hacer sus tareas de lectura o estudio y contribuir con ideas en la actividad del aula.

Beneficios   Un curso de estudios puede:

• Mantenerlo mentalmente estimulado.

No importa lo que esté estudiando o aun cuántas veces haya estudiado antes esa asignatura; encontrará indudablemente nuevas ideas de parte de otras personas. Aprender es algo que le hará sentir muy bien.

- Ocupe el tiempo que de otra manera sería desperdiciado preocupándose o sintiéndose deprimido.

¡Mantenga su mente atareada en algo que no sea usted y sus problemas!

- Mejores sus habilidades de comunicación.

Mientras más le soliciten para defender una idea, verbalmente o escrita, más seguridad obtiene sobre la información que usted conoce y en su habilidad de expresarse.

- Adquiera los conocimientos necesarios o destreza para un nuevo empleo o ascenso.

Los trabajos y promociones tienden a ir hacia la persona más informada.

- Ayúdese a ser más disciplinado.

Haciendo tiempo para leer, investigar o estudiar, usted estará forzado a vivir con un horario más estricto y a convertirse en más disciplinado.

Realización   Usted se sentirá realizado al completar un curso académico o entrenamiento vocacional.

33 ★ Réstele importancia

Algunas veces bromeamos con las personas acerca de ser «imperturbables». Usted conoce el tipo. Ningún problema parece afectarles, se desplazan suavemente por la vida. Nunca parecen sentirse culpables de nada. En verdad, ese no es el caso. Todo el mundo causa y tiene problemas. El ser «imperturbable» es una analogía buena para ser usada cuando se trata de comentarios críticos dirigidos hacia nosotros. En ocasiones, sólo necesitamos dejar que las cosas nos «resbalen».

No se comprometa ¿Hay alguien que le está ofendiendo a causa de un embotellamiento del tráfico por el cual usted no es responsable? Réstele importancia.

¿Hay algún extraño injuriándole por algo que él cree que usted hizo? No se sienta ofendido.

¿Alguna persona le está insultando sin razón? Rehúse molestarse.

No permita que un comentario vano, insultante o destructivo se adhiera a su alma o haga llagas en su siquis. No repita después la escena en su mente.

No se enrede en una discusión o profiera insultos.

Usted no es responsable por el «día malo» o las incorrectas costumbres de otra persona. No se quede allí permitiendo que alguien desate, en dirección suya, su furia emocional.

No lo tome a pecho   Cuando alguien que ha perdido el control emocional le ataca verbalmente con ira que no venga al caso, o frustraciones, no le permita arruinarle su día.

No tome a pecho cuanto la persona le dice.

No persista en las palabras.

No gaste energía pensando una forma inteligente de mofarse o replicar.

Ni siquiera piense dos veces en las palabras.

No permita que el «día malo» o autoestima deficiente, destruyan su día o como usted se siente. Si lo hace estará basando su autoestima y confianza en una información errónea e incompleta. Establezca su autoestima en lo que le es dicho:

- A usted, (sí, a usted específicamente como opositor o porque estaba allí)
- En un tono calmado y racional
- Con certeza (Para que el mensaje equilibre sus defectos con sus buenas cualidades)

34 ★ Reciba clases de defensa propia

¿Se siente impotente, atemorizado en su propio hogar? ¿Tiene miedo de caminar solo por las calles?

Si usted vive en un vecindario malo, ¡múdese! Si sus sentimientos de temor e impotencia vienen desde adentro, considere recibir clases de defensa propia.

Aprenda cómo prevenir un crimen en contra suya o sus propiedades Usted puede reducir los riesgos de convertirse en víctima aprendiendo algunas técnicas relativamente simples. En una clase de defensa propia, por ejemplo, usted puede aprender cómo llevar su bolso o cartera y cómo vestirse para desanimar a un carterista. Puede aprender ideas de seguridad, tales como: caminar acompañado hacia su auto en un lugar pobremente alumbrado y entonces llevar a esa persona hasta el coche de ella.

Instrúyase para saber cómo protegerse en caso de ser atacado Busque en la oficina de la policía para saber dónde puede alistarse en una clase de defensa propia. También es posible averiguar con organizaciones en su vecindario o colegios de su comunidad.

Aprenda qué hacer para recobrarse del ataque contra usted o su propiedad Quizás nada sea más dañino y de valor, para su propio bienestar, que el ser atacado o herido. Si sufre tal experiencia, busque ayuda. No permita ser agobiado por los recuerdos. No asuma que usted lo rebasará o intente descartarlo como si nada hubiera sucedido. Algo sí ocurrió y usted no podrá engañarse pensando de otra manera; las emociones relacionadas con esa experiencia, si no se han desahogado, eventualmente explotarán. Obtenga ayuda incluyendo a su familia y cónyuge; necesitará su continuo apoyo y en muchos casos, los miembros de la familia necesitan ayuda para manejar sus propios sentimientos.

Conozca cómo manejar los asaltos verbales A veces, las palabras hieren más que los palos y las piedras. Un buen curso de defensa propia debe incluir consejos de cómo manipular tanto el asalto verbal como el físico. Si no, busque un curso especializado en esa área.

Aprendiendo las técnicas de defensa propia también ganará la confianza que viene con la práctica y la información. Usted sabe qué hacer. Puede manejar una crisis. Puede recobrarse de ella.

35 ★ Salga de la deuda

Es difícil pensar positivamente acerca de usted mismo si está siempre lidiando con números negativos. Decida arreglarse con el mundo.

Haga un plan   Usted puede necesitar asesoramiento financiero para ayudarse a aprender cómo salir mejor del «hueco». Un asesor sugiere eliminar las tarjetas de crédito. Literalmente, él aconseja suprimirlas y aprender a vivir con base en el dinero en efectivo.

Establézcase un horario   Ponga una fecha para pagar sus deudas personales.

Usted podrá decir: «¿pero qué hacer con respecto a mi casa?», «demoraré treinta años para pagarla?» «¿Tengo que esperar tanto para mejorar mi autoestima?» No. En primer lugar, usted puede refinanciar su casa con base en quince años o añadir un par de pagos extras cada año hacia la deuda principal y ahorrarse en este proceso varios años y un montón de dinero. Hablando generalmente, su casa es una «partida de su activo», tiene un valor a la hora de pagar los impuestos y es muy probable que esta incremente su valor.

Abra una cuenta de ahorros y otra de retiro   Aun cuando está reduciendo sus deudas, ponga aparte cada mes una porción de dinero para añadir a la columna de los activos en su Libro Mayor de contabilidad. Tener dinero ahorrado le envía una señal a su «yo» interno: «¡No sólo valgo lo que peso en oro, sino que tengo algún oro aumentando de peso!»

Cuando usted pague sus deudas, añada más en sus ahorros. Ramifique sus inversiones seguras, quizás en certificados de depósito avalados por el gobierno y en acciones en la Bolsa de Valores, bonos municipales, etc Trabaje otra vez con un experto en la materia.

Imagine cuán bien se sentirá cuando llegue el día en que:

- No tenga deudas en las cuales el interés se acumula.
- Todas sus posesiones sean propiamente suyas.
- Su casa haya sido completamente pagada.
- Usted tenga una cantidad sustancial de dinero en las cuentas de ahorro o retiro e inversiones seguras.

36 ★ Obtenga un trabajo

¿Se siente fuera de la corriente de la sociedad? ¿Piensa que nadie lo necesita más? Búsquese un trabajo. Haga su mejor esfuerzo. ¡Disfrute todos sus beneficios!

Un buen trabajo al estilo antiguo Nada disipa más un sentimiento de inutilidad (y la lástima, por uno mismo, que le acompaña) como obtener un trabajo. Las ventajas para su autoestima son numerosas.

La cantidad de dinero que una persona gana no es una verdadera medida del carácter, (ni siquiera un indicativo real de valor en la sociedad), pero da a entender que está contribuyendo para su propio bienestar y el de otros. Un trabajo le ayuda a verse a sí mismo como parte de un proceso continuo de una comunidad productiva.

Aunque usted trabaje voluntariamente, sin traer a la casa un sueldo, verá maneras obvias en las cuales está contribuyendo con otros. Si usted no está allí, el trabajo no se hará. Ocupar un puesto le dice a su «yo» interno: «Soy necesario. Este trabajo no se hubiera podido hacer sin mí».

Usted es importante para otros. (Para las personas en todos los niveles organizativos).

Siendo importante para otros usted tendrá sentido de responsabilidad hacia ellos y por ellos. Otra vez, nadie ocupa ese espacio en un tiempo dado excepto usted.

Tener trabajo le ayuda a disciplinar otras áreas de su vida. Tiende a hacerlo más consciente de sus habilidades de comunicación. Mientras mejor se comunica en el negocio más lo respetarán los otros. Mientras más aquellos le respeten, más lo hará usted hacia sí mismo.

Usted ve progreso en su vida.

Los proyectos son terminados, las publicaciones se imprimen y circulan, las personas son ayudadas, los clientes están satisfechos, se obtienen contratos. El cuadro de ventas muestra crecimiento. Se premian las buenas actuaciones con aumentos y promociones. Nuevas habilidades se adquieren en el transcurso del quehacer diario.

Teniendo trabajo usted se está poniendo en una posición donde su crecimiento personal en habilidad y logros pueden ser mejor notados y premiados por otros; ¡y si no por ellos, ciertamente por usted!

37 ★ Mejore su apariencia

La apariencia física tiene un impacto directo en la autoestima. Todos sabemos lo que se siente en un día cuando nuestro cabello no se mantiene peinado, nos sorprendieron sin maquillaje o nos aparecimos, en lo que pensábamos sería un acontecimiento casual, sin estar vestidos apropiadamente. Hubiésemos querido salir corriendo y esos sentimientos se escurrieron en nuestra más amplia autopercepción, contaminando ligeramente la estima y confianza.

Lucir bien se relaciona directamente con sentirse bien con uno mismo.

Casi todos aprendemos cómo escoger la ropa, peinarnos, maquillarnos o afeitarnos y nos asesoramos con nuestros padres. Pero algunos de ellos no sabían mucho.

Otros estamos aún trabados en el aspecto que tuvimos hace veinte años.

El momento llega para cada uno de nosotros. Como adultos debemos adquirir una nueva apariencia para determinar mejor nuestro aspecto propio. Comience de la nada, olvide lo que hizo en el pasado. Visite a profesionales y aprenda lo siguiente:

Cómo peinarse Puede necesitar que un estilista pruebe con usted a través de varios peinados o aun experimentar con permanente y color antes de decidirse por uno que le luzca mejor. Pida al estilista le muestre algunos trucos y técnicas para usar en la casa y alcanzar el aspecto deseado. Dígale sobre su forma de vivir, (por ejemplo: si viaja mucho, si tiene días sin descanso en los cuales sale de su oficina hacia actividades sociales, o practica muchos deportes). Deje que el especialista sugiera un estilo apropiado para su nivel de actividad, su habilidad de trabajar con el cabello, su tipo de pelo y la forma de su cara. Usted puede desear explorar el mundo de las pelucas, «tupés» o bisoñés.

Cómo maquillarse   Insista hasta aprender varias apariencias: profesionales de día, casuales de día, hechizante para la noche, y técnicas especiales para momentos en los que usted debe ser fotografiada.

Cómo vestir   Usted puede querer obtener análisis de colores o proporciones. Ahora muchos consultantes usan computadoras para mostrarle la forma de adquirir diferentes apariencias o cómo usted luciría en variados estilos. Tenga alguien, que trabaje con usted, para ayudarle a escoger un vestuario con una mejor coordinación y un gasto mínimo. Conozca los nombres de los nuevos tipos de prendas de vestir. Investigue con quienes le atienden. Pregunte: «¿Que combina con esto?» o «¿Cómo uso esto?» o «¿Qué me sugiere para mi estatura y forma de cuerpo?» Tenga sus piezas de vestuario arregladas para que siempre le queden bien.

Cómo usar sus prendas   Considere sus gafas como prenda principal si usted las usa. Aprenda cómo escoger los artículos en la proporción correcta. Observe a otros para ver cuándo son más apropiados cierto tipo de joyas, zapatos o carteras. Obtenga ayuda para combinar las corbatas con los trajes y la ropa deportiva.

Aprenda a anudarse las pañoletas. Explore el mundo de los sombreros.

Haga a la moda trabajar para usted en la edificación de su autoestima. No adopte una apariencia sólo porque está de moda. Use la que es correcta para usted. ¡Al hacerlo podrá enfrentarse al mundo, cada día, con una actitud que muestre su mejor rostro!

38 ★ Experimente algo nuevo

Realice algo nuevo para usted. Pruebe una cosa que siempre haya anhelado ensayar. Explore una parte del mundo que siempre haya deseado ver.

Obtener una nueva experiencia es un modo maravilloso para edificar la confianza de que usted puede explorar y saborear el mundo... ¡y sobrevivir! Mientras más experiencias exitosas y divertidas tenga, usted crecerá más en el sentido de valor propio.

Necesita seguir sólo tres instrucciones para incrementar los beneficios de autoestima y confianza que una nueva experiencia le permite:

1. Elija algo verdaderamente deseado por usted No se deje convencer para hacer algo o ir a algún lugar, sólo porque los demás lo hacen. Trace su propio rumbo.

2. Escoja una actividad o viaje que pueda permitirse, en términos de dinero y tiempo Deudas y cansancio son dos experiencias convenientes de suprimir (es más: son contraproducentes para la estima saludable).

3. Elija una actividad acorde con su código moral No se rebele en contra de su sistema de valores. Experimentará un sentimiento de culpabilidad y ese nuevo conocimiento no se relaciona con mejorar la autoestima y confianza.

Si usted siempre ha querido aprender a bailar como si estuviera en un salón al estilo antiguo... inscríbase en las clases gratis que se ofrezcan.

Si siempre ha querido aprender a pilotear un avión... ahorre su dinero y tome lecciones.

Si ha soñado con ir a París... comience' a hacer un plan para conseguirlo.

Si constantemente ha deseado hacer un viaje en crucero a Alaska... inicie sus gestiones con su agente de viajes.

No asuma que irá «algún día». Ése raramente llega a tiempo. Comience a poner fechas y a efectuar planes. En algunos casos la actividad a la que usted sueña dedicarse puede requerirle el estar en mejor condición física que hoy; comience a hacer ejercicios y a prepararse.

Las nuevas experiencias le edifican. Amplían sus horizontes. Proveen buen material para entretenerse, conversar, ilusionarse y recordar. Ellas añaden sustancia a la vida que usted se ha propuesto e incrementan su valor para correr nuevos riesgos en el futuro.

¿Qué nueva experiencia le gustaría probar?

39 ★ Enfrente los temores

Al principio hablamos sobre enfrentarse a su mayor temor: el sentimiento de soledad. Lo atemorizante no es su mayor miedo, pero puede ser paralizante. Eso causa pánico y provoca esa sensación extraña en el estómago, temblor en sus manos y sequedad en su boca.

¿Le tiene miedo a:

- los perros?
- volar en avión?
- manejar un auto?
- a las arañas?
- a hablarle a un grupo de personas o, aún, pararse frente a ellas?

Crecimiento impedido   Muchas veces los miedos adquiridos, de cuando niños, nos persiguen por el resto de la vida. Esos temores nos impiden el crecimiento en una determinada área. Cuando ello sucede, por lo general somos menos confiados en lo que podemos o debemos ser (y sin ninguna confianza en esa área de la vida normal y experiencia).

Temores conquistados   ¡Enfrente eso que le causa temor! Busque ayuda para vencerlo.

Logre la colaboración de alguien para vencer su fobia hacia los perros, pájaros, arañas, gatos e insectos molestos u otros animales. Quizás no logre tenerlos como mascotas, pero al menos no se pondrá histérico cuando se encuentre con ellos en la misma habitación.

Inscríbase en un curso para vencer el «temor a volar». Algunas aerolíneas lo ofrecen. Incorpórese a los Maestros de Ceremonias. Aprenda a enfrentarse a las personas y a expresar lo que piensa delante de ellas.

¿Le tiene miedo a los caballos porque uno de ellos le mordió cuando usted tenía siete años? Reciba lecciones de equitación.

¿Tiene temor de estar en el agua porque nunca aprendió a nadar? ¡Aprenda!

¿Le atemoriza montar en bicicleta porque tuvo una terrible caída? ¡Inténtelo de nuevo!

Cuando usted venza el temor y lo conquiste, va a experimentar una gran explosión de confianza y autoestima. Donde usted una vez cojeaba, ahora puede caminar. ¡Qué motivo para sentir gozo!

40 ★ Celebre a otros

Una de las mejores cosas que una persona con baja autoestima puede hacer, es aprender a celebrar a otros. Muy a menudo, esta persona se dice a sí misma:

«No puedo celebrar a otros pues va a restarme de lo que soy y no tengo nada que dar».

O expresa también:

«No debo celebrar a aquella persona, soy un don nadie y ella es alguien que no necesita, ni quiere, mi cumplido».

Ambas son conclusiones erróneas.

Dé y reciba Mientras más celebre a otros, más encontrarán ellos algo por qué celebrarle a usted. Así le devuelvan su cumplido (quizás no inmediatamente, pero eventualemente) se sentirá interiormente más edificado.

Todo el mundo necesita cumplidos. ¡Todos podemos tener uno más! Elogiando a otra persona usted va a tener la satisfacción propia de saber que ha dado algo o ha beneficiado a otra persona. Eso envía un mensaje a su «yo» interno: «Soy capaz de dar a otra persona sin perder. Lo bueno que está dentro de mí es más permanente de lo que pensaba».

Entrega apropiada   Cuando usted elogia a otro, tenga en mente estos aspectos:

* Sea sincero.

Hable la verdad. No diga algo que no cree verdaderamente. Evite usar términos extremos como: «el mayor» o «el más».

* Sea discreto.

Evite hacer un espectáculo de su elogio. Podría escribirle una nota o hablarle después que los otros se hayan marchado.

* Sea personal en sus comentarios.

Diga: «Su sermón significó mucho para mí porque me hizo pensar en algunas cosas de una forma distinta», o «Tu comedia estaba divertidísima; me estuve riendo todo el tiempo. Gracias, lo necesitaba».

* Sea breve y vaya al asunto

Simplemente puede decir: «¡Felicidades!» o «Me alegro que haya ganado», o «Estoy contento por usted», o «Así se hace». No exagere, o tome mucho tiempo de la persona, o sea extremista. Vaya al tema y continúe. Un halago no debe convertirse en un momento embarazoso para usted o la otra persona.

La persona que imparte una bendición es un individuo de carácter, de fuerza interior. Impartir una bendición ayuda a construir ese carácter aún mientras lo refleja.

41 ★ Realice un examen de aptitud o del perfil de su personalidad

Usted puede estar sufriendo de falta de confianza y autoestima, radicada, en parte, por su fracaso en descubrir las cosas para las que tiene un talento innato y una gran oportunidad para triunfar.

Examen de aptitud Una forma de descubrir su talento, es hacer un examen de aptitud.

La mayoría de los centros de asesoramiento y de planificación de carreras le pueden ayudar a buscar un examen apropiado y tal vez hasta se lo suministren. Las agencias de empleo, a veces los ofrecen, al igual que algunos sicólogos y consejeros privados. Usted también puede averiguar con un ministro de su iglesia o el equipo de sicólogos o enfermeros asociado al lugar donde trabaja.

Exámenes diferentes evalúan aptitudes y las miden en distintas formas, pero generalmente hablando, usted

deberá poder salir de una prueba de este tipo, conociendo más acerca de su:

- Habilidad mecánica.
- Destreza creativa.
- Posibilidad de razonamiento (Lógica).

Muchas pruebas pueden dirigirle hacia carreras y
trabajos para los cuales esté mejor calificado, tanto
como decirle sus aptitudes básicas y debilidades.

Perfil de personalidad   Otros exámenes están disponibles para ayudarle a descubrir más acerca del
modo en que usted se relaciona con otras personas o
cómo se proyecta a sí mismo hacia los demás. Myers-
Briggs es tal vez el más famoso de ellos.

Es reconfortante para muchas personas darse cuenta, al realizar estos exámenes, que no son mejores ni
peores que otras personas: son solamente diferentes.
No hay nada como un conjunto correcto de aptitudes o
una personalidad así. Usted posee un inherente grupo
de habilidades únicas, cosas que le gustan y que no y
predisposiciones. Usted muestra señas de su personalidad única, horas después de su nacimiento.

42 ★ Bendígase a sí mismo

¿Ha pensado alguna vez en bendecirse a sí mismo?

Muchas veces pensamos que las bendiciones de nuestra vida deben ser pronunciadas por aquellos con autoridad sobre nosotros; usualmente quienes tienen potestad espiritual. Padres, sacerdotes, pastores, tutores o maestros. Sin duda alguna, estas palabras pronunciadas por tales personas hacia nosotros, son invaluables. Debemos proveernos de sus bendiciones tanto como sea posible. ¡De hecho, debemos buscar con ardor recibir sus bendiciones! Pero podemos extender aquellas o renovarlas diariamente, pronunciándolas o repitiéndolas sobre nuestras vidas.

¡Bendígase! Antes de salir de su casa, comenzar sus tareas, al principio de su día de trabajo, o al despertar al resto de la familia… mírese en el espejo y dése una bendición:

- La paz de Dios sea contigo.
- ¡A ti, en el espejo, camina hoy en el nombre del Señor!
- Ve en paz a amar y a servir a otros.
- Sal y cumple con todo lo que puedas:

- Cuando salgas hoy al mundo, regocíjate.
- La paz de Dios que sobrepasa todo entendimiento, hoy mantenga tu corazón y tu mente en el conocimiento y el amor de Dios. Que su bendición sea sobre ti y permanezca siempre contigo.
- Hoy puedes ser una bendición a otros, aun cuando aceptes, con acción de gracias, las cosas buenas dadas a ti.
- Bendito seas. ¡Debes ser una bendición!
- Camina en poder, salud, y amor, donde quiera que vayas hoy.

Darse una bendición es como aplicarse una inyección de ánimo, aliento y confianza. Este es un grito que reanima, hace enderezar los hombros, levantar la cabeza y enfrentar el día con toda la fuerza interior reunida y concentrada.

43 ★ Comience dando a otros

Busque dar su tiempo y talento para ayudar a otras personas. Visite el hospital de minusválidos de su localidad, para ofrecer voluntariamente sus servicios a aquellos que están en rehabilitación.

Vaya al hospital infantil local. Ofrezca su tiempo para jugar con los pequeños pacientes.

Diríjase al centro local de retirados, especialmente al área donde los ancianos están confinados a sus camas.

Visite a los enfermos, miembros de su iglesia. Acuda a la casa de beneficencia de su ciudad.

Vaya a los refugios de los desamparados.

Dése usted mismo Cuando se involucra con individuos necesitados, descubrirá algunas cosas acerca de ellos y de usted mismo:

- Cada persona tiene algo que dar.
- Todo el mundo necesita de alguien.
- Su ayuda hace una diferencia, no sólo en las vidas de ellos sino en su autoestima.

¡Algunas veces el problema que percibe en otros, es uno que ellos no soñarían en intercambiarlo por el que ven en usted!

Concéntrese en individuos   No se haga voluntario para ayudar a las masas. Busque hacerlo a una o dos personas. Llámelas por su nombre. Conózcalas. Encuentre formas mediante las cuales pueda ayudarles a poner de manifiesto los distintos dones y cualidades de ellos. No trate de ayudar a la humanidad, sino a un solo ser humano.

Alcance el potencial   No se ofrezca voluntariamente para servir por piedad. Dé su tiempo, porque verdaderamente quiere ayudar a esa persona, para que disfrute una mejor calidad de vida, y lograr más de su potencial humano. Considérelo un derivado mediante el cual usted va a estar creciendo y alcanzando más de su propio potencial. Mientras más dé, más recogerá.

44 ★ Adopte a una persona mayor

Necesitamos alguien mayor y más sabio en nuestras vidas para guiarnos, ayudarnos y, sobre todo, reafirmarnos. Para muchos de nosotros aquellas personas maduras y más prudentes son nuestros padres y abuelos. Para otros, nuestros padres pueden haber sido más mayores pero no más juiciosos. La persona con baja autoestima, frecuentemente, tiene padres que le dieron una dirección errada, una ayuda pobre o de tipo equivocado y poca o ninguna afirmación.

Si no tiene alguien mayor y más sabio en su vida, haga amistad con una persona así. No necesariamente debe superarle en años. Puede ser simplemente más conocedora o experimentada que usted.

Busque personas mayores Encuentre modos de ayudar a sus amigos mayores; estimúlelos y pase tiempo con ellos. Conózcalos de verdad. Vayan juntos a lugares. Compartan experiencias. Comprométase en largas conversaciones de la vida. Pídales su consejo; aproveche su sabiduría. Aprecie lo que ellos comparten con usted y expréseles su gratitud.

Busque un tutor   Elija a alguien con los mismos intereses y creencias que usted. Puede tener varios tutores para diferentes áreas de interés o búsqueda de carrera. Póngase de acuerdo con alguien que esté deseando ayudarle, dispuesto, y conocedor de quién es y quién puede ser usted.

Busque un maestro   Un tutor es quien le puede guiar para tomar decisiones y elecciones personales. Un maestro, es el que comparte información o le enseña una habilidad. Si quiere aprender algo, encuentre la persona mejor calificada que pueda y estudie con ella.

A veces, un tutor es un maestro y viceversa; pero en ocasiones no. En oportunidades un maestro puede convertirse en un tutor o amigo. Escoja ser un buen estudiante y su maestro no sólo será mejor sino, un profesor de la vida más allá de su especialidad.

Con un amigo mayor, un tutor, un maestro... tendrá una persona mayor que estará a su lado. Estará envuelto con alguien que ve un mejor cuadro de la vida, comparado con usted y le reafirmará cualidades que ninguno, en su nivel, pueda reconocer. Tendrá alguien en su vida que estará ansioso de estimularle, aguijonearle y empujarle hacia el límite máximo de su capacidad.

45 ★ Mantenga un diario personal

Mantenga un diario de su vida. Escriba los momentos de importancia para usted, sus triunfos. Para su referencia futura anote:

- sus sueños (acerca de cómo quisiera que fuera su vida).
- sus metas (lo que le gustaría hacer, ver, alcanzar o producir).
- lo que le gusta y lo que le disgusta.

Un diario de cada día Manteniendo un diario, envía un mensaje a su «yo» interno: «Mi vida es importante para mí. Lo que me suceda a mí y a través de mí, es digno de escribirse».

Anote sus pensamientos y sentimientos, no sólo lo que hace. Escriba los diálogos significativos, detallando los «él dice» y «ella dice».

Una reflexión anual Considere pasar algunas horas, al final de cada año, reflexionando en los doce meses anteriores y escribiendo algunos detalles acerca de los hechos significativos de ese año. Escriba acerca de las relaciones y encuentros que hayan tenido valor especial para usted y diga el por qué. Explore los problemas vividos y obtenga conclusiones.

Listas   Piense en mantener un cuaderno con las películas vistas, los libros leídos, los proyectos de artesanía terminados, los regalos obsequiados, los viajes realizados, las actividades culturales a las cuales asista. No sólo le servirá de referencia útil para planificar futuros regalos y proyectos (o para recomendar buenas películas y libros), sino que dispondrá de una fuente objetiva para revisar lo que ha sido comunicado a su espíritu. Realice una breve descripción, al lado de cada aspecto, indicando lo que más le gustó o lo que significó para usted.

Haga ocasionalmente una relación acerca de las cosas que le gustan y las que no; problemas que está afrontando y cómo piensa resolverlos y nuevas ideas. Llevar al papel sus pensamientos y opiniones puede ayudarle a concentrarse mejor en ellos y desarrollarlos.

Mantenga sus resoluciones de Año Nuevo o metas a largo plazo, en un lugar donde pueda verlas periódicamente. Quizás en la parte de atrás de su diario. De tiempo en tiempo revise el progreso conseguido. Hágase nuevas metas después de alcanzar las viejas.

Perfil personal   Escriba en su diario cómo se percibe a sí mismo. Haga una lista de cuanto quiere «ser»; las cualidades que anhela tener en su vida. Identifique sus metas más importantes. Ponga en palabras lo que usted intuye que es su propósito de ser. Cuando se sienta deprimido, consulte con su diario. Lea otra vez acerca de la persona que es y quien aspira ser. Nunca olvide que usted es sus metas y sueños, tanto como sus logros pasados.

Un diario personal es su herramienta de referencia. Escríbase a usted mismo y para sí mismo. ¡Indudablemente encontrará que disfruta leer acerca de usted de vez en cuando! Con eso está desarrollando una autoestima saludable.

46 ★ Arréglelo o acéptelo

¿Usted evita sonreír porque sus dientes están disparejos o descoloridos?

¿Le molesta aparecer en público, porque piensa que todos se fijan en su nariz?

¿Se siente gordo o delgado, para ser amado?

¿Evita acercarse a las personas, porque piensa que las ofende en alguna forma?

¿Siente pena por alguien que usa gafas, porque usted también las usa?

¿Le enoja el hecho de quedarse calvo, hasta el punto de comenzar a enfadarse consigo mismo?

¡Solucione el problema!

Asistencia profesional Visite a su dentista, médico, oftalmólogo o dermatólogo. Usted puede hacer algo acerca del atributo físico que le está molestando por menos dinero y en menos tiempo de lo que pensaba.

Una corrección en la posición de sus dientes puede ser la opción. Los lentes de contacto serían una solución. Explore la posibilidad de una cirugía cosmética o dental. O quizás, hable con su médico sobre una implantación de cabello.

Al mismo tiempo, haga una investigación en su alma con un consejero profesional. Averigüe por qué y cómo su apariencia externa está afectando su «yo» interno. Hable sobre el problema que percibe, en cuanto a que su apariencia física está creando dificultades para usted. Reaprecie su deseo de belleza personal y sus expectativas acerca de cuánto puede cambiar su apariencia. Reevalúe lo que espera alcanzar a través de cambios en su aspecto exterior.

No hay excusas   Enfrente el hecho de que usted no puede cambiar algunas cosas acerca de sí mismo. Probablemente ni crecerá, ni disminuirá de tamaño. Cambie cuanto pueda sin causarse daños y aprenda a aceptar lo que no pueda variar.

No se someta a una cirugía innecesaria. Cada procedimiento quirúrgico tiene algunos riesgos y potentes efectos colaterales negativos. Considere seriamente si necesita atasajar el cuerpo o la cara para alcanzar su meta de una apariencia aceptable.

Deje de quejarse de su aspecto físico. Trabaje en ello para hacer lo que pueda y entonces hágalo. No llame continuamente la atención sobre lo que usted percibe sea una debilidad.

Deje de usar su apariencia física como una excusa para no participar, no incorporarse, no ir. Y no la use como justificación por no tratar o probar.

Por otro nombre   Algunas personas tiemblan cada vez que otra les llama por su nombre o apodo. Si usted es una de esas, vea a un abogado o consulte con un profesional acerca de cómo puede cambiar su nombre legalmente. Vuelva a imprimir sus tarjetas de presentación con el nombre que desea tener. Comience a firmar con ese nombre en las tarjetas de navidad, en la forma que usted quiere ser llamado por otros. Avise a sus amigos que no va a contestar más por ese apodo, ¡su nombre es su nombre! Aunque le fue dado por otra persona, está a su alcance el cambiarlo si no le gusta.

47 ★ No permita a otros traer a colación el pasado

Quizás nada molesta o daña más al intento de rehabilitar la autoestima, que tener otra persona trayendo a colación los fracasos, heridas o pérdidas sufridas en el pasado.

Respuestas   Cuando encuentre una persona intentando traer a su memoria algo que usted ha olvidado y prefiere no recordar, declare:

- Lo siento, preferiría no hablar del divorcio. Estoy tratando de salir adelante en mi vida y tomar las cosas como son y pueden ser, no como eran o como desearía que hubiesen sido.
- Aprecio su interés, pero ese es mi pasado. Sé que Dios me ha perdonado y he luchado por indultarme a mi mismo y a cada persona involucrada en el asunto. Espero que usted pueda perdonarlos a

ellos y a mi también y ayudarme a dejar eso en el pasado.

- Estoy tratando de recordar sólo los buenos tiempos.
- Eso fue entonces, esto es ahora. Verdaderamente me está gustando más el presente.
- Eso forma parte de mi historia, pero estoy concentrando en crear un mejor futuro.

Más que una crisis   A veces las personas que le recuerdan el pasado están intentando hacerlo para mostrarle ser sus aliados. Están tratando de ponerse a su lado. ¡En otras ocasiones, las personas simplemente no saben de qué cosa hablarle! Muchas veces un divorcio, muerte, u otro perjuicio mayor a la autoestima, parecen ser el tópico número uno de la conversación por tanto tiempo que olvidamos, y otros también, que tenemos diversos intereses y facetas en nuestras vidas.

Acepte la preocupación por usted y demuestre aprecio por su amistad. A la misma vez, cambie el tema por algo hecho por ambos o que puedan hacer. Muestre a sus interesados, que en su vida hay más que un incidente doloroso o una crisis mayor. ¡Haciéndolo se reforzará la idea a sí mismo!

48 ★ Sólo intente un cambio grande en cada oportunidad

Ciertos acontecimientos en la vida nos sorprenden mucho, aunque estemos preparados o pensemos estarlo. La muerte. Un divorcio. La pérdida de un negocio o trabajo. El nido vacío. El ataque de pánico de la mediana edad. La menopausia. La mudanza a una nueva ciudad. El retiro. El matrimonio. Un primer trabajo. El primer hijo. Los grandes sucesos en nuestra vida son numerosos y ellos invariablemente envuelven cambios.

Los grandes acontecimientos Tan lejos como sea posible, intente sólo un cambio grande en su vida en cada oportunidad. Tendrá una mejor ocasión para triunfar en ello y por lo tanto, volver a obtener el equilibrio de su auto estima y alcanzar la confianza en el área, grupo o destreza nueva. Por ejemplo, evite comenzar un trabajo y un matrimonio a la vez o evite el divorciarse cuando está atravesando la crisis de la mediana edad.

Desafortunadamente, tras el divorcio o la muerte, muchas personas se encuentran solas como padres solteros, como el único proveedor, simultánea e inmediatamente. Esa es razón suficiente para establecer un grupo de amigos para apoyarse, a los cuales usted pueda pedir ayuda. Nadie debe manejar solo, tantos cambios a la vez.

En pequeña escala   No sólo debe evitar el abordar más de un cambio grande al mismo tiempo, sino que, también debe evitar lo siguiente:

Intentar cambiar más de un mal hábito al mismo tiempo Tratar de hacer muchas resoluciones de año nuevo a la vez ¡Querer cambiar mucho de un día para otro es preparar un fracaso!

Unirse a más de un grupo nuevo a la vez En cambio, hágase el propósito de conocer a las personas de ese primer grupo, a un nivel más profundo.

Intentar alcanzar más de una meta grande en una misma ocasión Piense en «las secuencias» en lugar de «las concurrencias»

Tratar de concentrarse en más de un proyecto Invariablemente se encontrará pensando en uno, cuando debiera estar pensando acerca de otro.

Pretender dar su tiempo voluntario a más de un grupo Estar comprometido con muchos lugares o personas, generalmente quiere decir que estará dando muy poco de usted para triunfar en, o disfrutar de, lo que está haciendo. La clave aquí es la extensión de su compromiso y el tiempo que cada uno requiere. Encontrará que puede sortear varios compromisos pequeños.

Intentar demasiado, de una sola vez, pone todo su sistema fuera de orden y, en lugar de triunfar en una, probablemente fracasará en todas sus metas. ¡Eso se convierte en verdadera frustración de su autoestima y confianza, justamente cuando creyó estar en el proceso de crecimiento, automejoramiento o mejorando su salud!

49 ★ Renueve la visión de su vida

Usted podría estar tan atrapado en la rutina que se olvidara de la imagen total. Tómese periódicamente un tiempo para recordar por qué hace lo que está haciendo, dónde dijo que iría (hablando en sentido figurado, pero en algunos casos literalmente haciéndolo) y cómo quiere de verdad, ordenar sus días y pasar sus horas.

Preguntas indagatorias Hágase dos tipos de preguntas:

¿Que quería hacer cuando yo era un niño?
En mi infancia, jugando, ¿qué disfruté más?

Muy a menudo la visión de la vida en la niñez y las actividades propias de la edad, que más se disfrutaron, tienen una relación muy íntima, revelando los talentos primarios, las aptitudes y los deseos. Por ejemplo: es muy común para un pequeño que deseó ser bombero, tener una gran aptitud para ser agente de personal o empleado de relaciones con el cliente, pudiendo así «apagar los fuegos» de crisis en la vida de otra persona. (El camión rojo es opcional).

La niña que disfrutó jugando con muñecas de cartón, vistiéndolas y adornándolas con accesorios, haciéndoles nuevos trajes y diseñando el ambiente para ellas, a menudo tiene una aptitud excelente para entrar en el mundo de la venta al detalle, de ropa de moda, o en algún departamento de diseño (modas, decorado interior, arte gráfico, y demás).

En un día ideal, ¿qué considero yo ser?

El modo en que una persona ve el «día perfecto», en ocasiones le revela prioridades. El día ideal es casi siempre más relajado, y tiene más contacto humano y comunicación satisfactoria, que los vividos en el presente.

Deténgase a considerar por un momento su día ideal. Entonces hágase una pregunta relacionada con eso: ¿Qué necesito cambiar acerca de mi horario, agenda y modo en que vivo, para tener más días ideales? (Tenga en mente que nadie puede vivir una vida ideal. ¡Usted puede, por supuesto, forjar lo frecuente del día ideal!)

Reajuste   Use estas preguntas para comenzar una conversación con su cónyuge. Si usted vive solo, escriba algunas de sus respuestas. Probablemente se encontrará a sí mismo llegando a decisiones acerca de cómo puede reajustar su horario diario, alterar sus compromisos de tiempo y ponerse nuevas metas. (Que pueden incluir regresar a la escuela o entrar en una nueva área de entrenamiento). En la raíz de su visión para la vida están las prioridades (aquellas cosas más importantes para usted) y sus valores, el sistema de creencias por el cual estableció prioridades.

Reinstituir sus valores y hacerse nuevas prioridades, basadas en ello, puede llevarle al crecimiento personal.

50 ★ Pase tiempo con niños

Al pasar tiempo con pequeños usted estará en el papel de maestro, ayudador y hacedor.

Libre para jugar Si se permite la libertad para tirarse al suelo y jugar con los niños (a lo que ellos deseen jugar), usted estará en el papel de alguien que «crea» con ellos y de compañero «mayor» de juegos.

Todos estas funciones pueden edificar su autoestima. Es un sentimiento fabuloso tener un niño de dos años declarándole: «Me gusta jugar contigo; eres divertido». O preguntándole: «¿Puedes venir pronto otra vez?» O diciéndole: «Yo ayudé a hacer esto. ¡El me mostró cómo!»

Libre para renovar la curiosidad Cuando usted entre en el mundo de un niño, (realmente póngase al nivel de él y explore la vida). Usted asume una actitud de renovar su sentido de jugar, maravillarse y sentir curiosidad. Probablemente retrocederá en contacto con sentimientos e ideas que han sido sepultadas por largo tiempo. Y todo eso puede ser terapia restauradora para su autoestima.

Los niños tienen una gran capacidad para correr riesgos. Permita que un poco de su actitud se desprenda de usted y mejore su confianza.

A veces la asociación con niños puede traer recuerdos dolorosos; su amistad con un niño puede evocar sentimientos de inocencia perdida o llamar un deseo de no permitirle al niño sufrir el dolor que usted conoció. Ahórrele al niño una descripción de su pena. Investigue esos sentimientos por su cuenta o con la ayuda de un adulto. Busque sanarse de esos malos momentos en su niñez.

No importa qué tipo de niñez haya tenido, podrá siempre llegarse a un pequeño con la intención de: «Quiero ayudarte a tener una niñez mejor que la mía. Deseo auxiliarte a ver más del mundo, experimentar más gozo, explorar más de tus propias destrezas e ideas, que rías más y establezcas una visión mayor de lo que tu puedes ser; que de otra forma, sin mí, no experimentarás». Adoptando esa perspectiva mientras que usted trata con un pequeño también estará atrayendo las perspectivas en su vida. Su autoestima y confianza serán rejuvenecidas.

51 ★ Haga una promesa mejor

Nosotros no tenemos mecanismo en la cultura, como para «deshacer» una promesa después de estar hecha. Nuestras intenciones y compromisos son rara vez incumplidos de una manera ceremoniosa, útil o confiada, beneficiosa para las partes envueltas. Destrozamos nuestras promesas, corazones, familias o asociaciones. Cortamos la comunicación. En el proceso rompemos una parte de quienes somos.

La única salida a una promesa rota, es hacer otra mejor.

El patrón Una «promesa mejor» mira hacia el futuro y prepara un patrón más alto. Reemplaza la anterior sin negar el valor de la que se rompió, pero expresa un deseo enraizado en la esperanza y determinación, de que el futuro va a traer una fuerza mayor y sanadora.

En general, haga la mejor promesa con y para usted mismo. No prometa hacer algo porque otra persona insiste en que usted tome esa decisión o le esté molestando para hacerlo. Inevitablemente romperá esa promesa. Haga solamente aquellas en las cuales usted requiera algo de sí mismo; usualmente algo más o mejor. ¡Entonces, evalúese lo suficiente para cumplir esa promesa que usted se ha hecho!

El compromiso   No haga una declaración pública de compromiso o intención, a no ser que usted sea ciento por ciento serio en cumplirlo y tenga la máxima determinación de hacer cualquier cosa para realizar su nueva obligación, incluyendo cosas que puede encontrar como dolorosas o difíciles. Por ejemplo: no prometa a su hijo que nunca se va a perder una actuación principal de él en su vida, si no está dispuesto a decirle No a su jefe, cuando le pida asistir a las sesiones de entrenamiento del viernes por la noche.

Lo positivo   Mantenga promesas positivas. No se diga a sí mismo: «Nunca voy a tener otro divorcio». Diga en su lugar: «Cuando me vuelva a casar prometo darle a mi matrimonio mi mejor esfuerzo y hacer esa relación mi principal prioridad».

No haga una promesa violando o negando otra que ha hecho y con la cual aún está comprometido. En otras palabras, no utilice una «nueva promesa» para debilitar la que aún está en efecto o para romper una existente. Por ejemplo: no le asegure a un socio, dar sus mejores ideas y energías, a una empresa para la cual trabaja medio tiempo, si ya se ha hecho el compromiso de triunfar en otro trabajo, a tiempo completo, debe ser el mejor empleado que la compañía tenga!

Lo realizable   Finalmente, no haga su «promesa mejor» a la ligera. Considere sus fracasos anteriores. Evalúe seriamente sus deseos y habilidad de hacer ciertos cambios. Emprenda sólo las promesas que, realmente, puede esperar mantener. Comprométase sólo en lo que usted cree realizable. Por ejemplo: ¡no se prometa a hacer cualquier cosa para convertirse en un nadador olímpico, si ahora tiene cincuenta años de edad!

Las promesas son las declaraciones más serias que puede hacer a otros y a sí mismo. Tómelas con seriedad.

Haga lo que sea necesario para cumplirlas. Cuando rompa una, reemplácela con otra mejor. Haciendo y manteniendo promesas, usted va a desatar su autoestima como nada puede hacerlo.

52 ★ Pida la ayuda de Dios

Vuélvase a su Creador para tener un sentido de identidad. Él le formó a usted. Confié en que Él podrá:

- mostrarle una forma de restauración.
- revelarle un camino de salvación.
- sanar lo enfermo, enmendar lo roto, restaurar lo herido.
- ayudarle a identificar las áreas en las cuales usted necesita hacer cambios y darle energía y fuerza de voluntad para hacerlos.
- reunir las piezas fragmentadas de su vida.
- borrar sus recuerdos y librarle de culpas.
- mostrarle para qué le creó.

Admita delante de su Creador que usted está herido, que es insuficiente. Pídale ayuda.

Confíe en el divino auxiliador Hay tantas cosas que puede hacer para edificar su autoestima y confianza. Hay tanto que otros pueden hacer para ayudarle. Benefíciese de la sabiduria y fortaleza divina. Él, quien le creó, conoce todo acerca de usted, incluyendo todo su potencial. Investigue quién es usted como un ser humano creado por Dios. Aspire a todo lo que usted pueda ser, ya que Él le ha hecho único.